星云说喻

丛书

喜舍心豁达

有舍才能有得。参透舍去的道理，
让自己的心变得通达豁然

星云大师 著

中華書局

图书在版编目（CIP）数据

喜舍心豁达/星云大师著. —北京：中华书局，2016.7
（星云说喻）
ISBN 978-7-101-11109-5

Ⅰ.喜… Ⅱ.星… Ⅲ.佛教-人生哲学-通俗读物
Ⅳ.B948-49

中国版本图书馆 CIP 数据核字（2016）第 043560 号

书　　名	喜舍心豁达
著　　者	星云大师
丛 书 名	星云说喻
责任编辑	贾雪飞
出版发行	中华书局
	（北京市丰台区太平桥西里 38 号　100073）
	http://www.zhbc.com.cn
	E-mail:zhbc@zhbc.com.cn
印　　刷	北京瑞古冠中印刷厂
版　　次	2016 年 7 月北京第 1 版
	2016 年 7 月北京第 1 次印刷
规　　格	开本/889×1194 毫米　1/32
	印张 6¼　插页 8　字数 120 千字
印　　数	1-8000 册
国际书号	ISBN 978-7-101-11109-5
定　　价	32.00 元

星雲

星云大师传略

大师生于一九二七年，江苏江都人。幼年家贫，辍学，因父母忙于家务，随外祖母长居多时。后卢沟桥中日战起，父或因战火罹难，与母寻父途中，有缘于南京栖霞山礼志开上人披剃，实际祖庭为江苏宜兴大觉寺。

一九四九年至台湾，大师担任台湾佛教讲习会教务主任，并主编《人生》杂志。一九六七年于高雄开创佛光山，树立"以文化弘扬佛法，以教育培养人才，以慈善福利社会，以共修净化人心"之宗旨，致力推动"人间佛教"，并融古汇今，手订规章制度，印行《佛光山清规手册》，将佛教带上现代化的新里程。

大师出家七十余年，于全球创建二百余所寺院，十六所佛教学院，二十三所美术馆、图书馆、出版社、书局等，相继成立育幼院、佛光精舍、慈悲基金会，捐献佛光中小学和佛光医院数十所，从事急难救助，育幼养老，扶弱济贫事业。

一九七六年大师创办《佛光学报》，翌年成立“佛光大藏经编修委员会”，主持编纂《佛光大藏经》及《佛光大辞典》。一九八八年成立佛光山文教基金会，主要致力于举办学术会议，出版学术论文集、期刊等。一九九七年主持出版《中国佛教经典宝藏精选白话版》一百三十二册、《佛光大辞典》光盘版，设立“佛光卫星电视台”（后更名为“人间卫视”），并于台中协办广播电台。二〇〇〇年创办《人间福报》，是为第一份由佛教界发行的日报。

二〇〇一年，大师将发行二十余年的《普门》杂志转型为《普门学报》论文双月刊，收录海峡两岸有关佛学的硕、博士论文及世界各地汉文论文，辑成“法藏文库”《中国佛教学术论典》共一百一十册。二〇一三年，主持出版《世界佛教美术图说大辞典》二十卷册。二〇一四年主持出版《佛光大辞典》增订版、《献给旅行者365日——中华文化佛教宝典》以及《金玉满堂》人间佛教教材。

大师著作等身，撰有《释迦牟尼佛传》《佛教丛书》

《佛光教科书》《往事百语》《佛光祈愿文》《迷悟之间》《人间万事》《当代人心思潮》《人间佛教当代问题座谈会》《人间佛教系列》《人间佛教语录》《人间佛教论文集》《僧事百讲》《百年佛缘》等著作近百部，总计二千余万言，并被译成英、德、日、韩、西、葡等二十余种语言，流通世界各地。

大师教化弘广，有来自世界各地跟随出家之弟子两千余人，全球信众达数百万。大师一生弘扬人间佛教，对“欢喜与融合”“同体与共生”“尊重与包容”“平等与和平”“自然与生命”“圆满与自在”“公是与公非”“发心与发展”“自觉与行佛”等理念多所发扬。一九九一年成立国际佛光会，大师被推为世界总会会长，后于五大洲一百七十余个国家地区成立分会，成为全球华人最大的社团，实践“佛光普照三千界，法水长流五大洲”的理想。二〇〇三年，国际佛光会通过联合国审查，正式加入“联合国非政府组织”(NGO)。由于大师在文化、教育及关怀全人类之突出贡献，先后荣膺世界各大学颁赠荣誉博士学位多个，国际间获奖无数。

大师致力于中华文化复兴及两岸文化交流，成果斐然。二〇〇四年，大师应聘担任“中华文化复兴运动总会”宗教委员会主任委员，与基督教、天主教、道教等领袖，共同出席“和平音乐祈福大会”，促进宗教交流，发挥宗教净化社会人心之功用；先后与著名汉学家马悦然教授（斯德哥尔摩大学、诺贝尔文学奖终身评委）、罗多弼教授（斯德哥尔摩大学）、傅高义教授（哈佛大学）及诺贝尔文学奖得主莫言先生等人进行人文交流座谈。

近年，大师于江苏宜兴复兴祖庭大觉寺，并捐建中国书院博物馆、扬州鉴真图书馆、南京大学佛光楼，成立扬州讲坛、星云文化教育公益基金会等，积极推动文化教育，以期能促进两岸和谐发展，共创繁荣新局面。

大师一生弘扬人间佛教，对佛教制度化、现代化、人间化、国际化的发展，可说厥功至伟！

自序：我愿化作一点心光

古老的佛经，往往以譬喻的形式，巧妙地铺陈甚深的妙义，如《阿弥陀经》中，以宝池、楼阁等种种声光形色，或隐或现地引喻极乐世界的华丽和香洁。又如《普门品》以种种厄难为喻，为我们描绘观世音菩萨寻声救苦时，种种无畏的清净和慈悲。

佛经往往以譬喻为渡船，救人上岸；以譬喻为灯光，照破昏暗；以譬喻为井泉，赐人清凉。在繁忙紧凑的现代生活步调中，也许一则故事的引领，能破解你多年沉淀心头的世情公案，一两句法语可以激起你内在革新的力量，为身心加油，为生活助力。

当白日的喧嚣散去，夜半的一盏灯，一杯茶，一则说喻，化身为心灵知己，与你素面相见，叙谈友情、家庭、世情、人生。

《星云说喻》丛书共十册，是集我在电视台“星云说喻”栏目中所讲的古今中外近千则譬喻故事而成。我祈愿读者阅读这些譬喻，如山泉洗涤人间的尘垢，使人人心镜洁净，灵台清明；祈愿读者以廓然的风姿，行化于红尘俗世间，念念觉醒于声色幻影之不实，从而回头开垦一亩心田。

与众生携手，我愿奉献身心为炬，化作一点心光，纵使此身被烧烬成灰，也是心甘情愿。

中华书局简体字版《星云说喻》丛书付梓在即，我喜为之序。

星云

二〇一五年二月

目 录

公主的福报

世间没有不劳而获的事情，多多培植福德因缘，才能真正拥有福报。

印度的波斯匿王，有一位天生丽质的善光公主，笃信佛教，常行布施，供养三宝。波斯匿王对她疼爱有加，视为掌上明珠。

有一天，波斯匿王对善光公主说："孩子，你生长在帝王之家，穿的是绫罗绸缎，吃的是山珍海味，你的一切富乐，都是因为父王才有的，你应该感谢父王给你的庇荫。"善光公主回答："父王，一个人的福德因缘是靠自己耕耘，并非他人赋予。今天我之所以贵为公主，享受荣华富贵，固然要孝敬父王，但这一切的福德因缘，是我自己过去所积聚的。"波斯匿王听了公主如此忤逆的话，气急败坏地说："你怎么可以说这样的话来伤父王的心，好！我倒要看看，你有什么福报！"

于是，波斯匿王下令，把善光公主嫁给全国最穷的年轻乞丐。公主毫无怨尤地脱去华服，换上布衣，和乞丐结为夫妇。

一天，善光公主问丈夫："你年纪轻轻，仪表俊秀，为何会一贫如洗，沦为乞丐呢?"乞丐说："我本为宦官人家，多年前家中遭祝融之灾，才如此穷困潦倒。"善光公主振奋精神，说："既然如此，我们何不回到家乡，同心协力重辟草莱，耕种花果蔬菜，自食其力，总比沿街乞讨要强。"

回乡后，夫妻两人重整断壁残垣的家园，合力挖掘坚硬的土地，打算种些蔬菜。挖着挖着，突然发现在一块石板下藏着大批的金银珠宝。两人靠着这些珠宝，很快地又把家业复兴起来，成为当地的首富。

当波斯匿王获知善光公主的消息时，这才相信：福报要靠各人去培养，种一得百，分毫不缺。

明末郑瑄在《昨非庵日纂》提到："现在之福，积之祖宗，不可不惜；将来之福，贻之子孙，不可不培。现在之福，如点燃灯火，随点随竭；将来之福，如添油料，愈点愈久。"有福要珍惜，无福要培福，"祸福无门，惟人自招"，世间没有不劳而获的事，多多培植福德因缘，才能真正拥有福报。

放下什么

心理背负的妄执愈多，人生旅途就愈是遥远难行。放下妄执，轻松简单过生活，则夜夜安心好眠！

佛陀住世时，有一个黑指婆罗门想皈信佛教。他准备了两盆花，想呈献给佛陀。

佛陀看到黑指外道进门来，只说了一句："放下！"

黑指婆罗门乖乖听从，放下右手的花。

佛陀又再说："放下！"

黑指婆罗门赶紧放下左手的花。

"放下！"佛陀简洁有力的一声喝。

黑指婆罗门觉得奇怪，已经依言放下双手的花，还有什么东西要放下呢？他问："佛陀，两盆花都放下来了，已经没有东西可以放下了。"

佛陀说："你今日要皈依佛门，不放下你的执著、情识，不放下你的妄想、分别，如何归信佛教呢？"

黑指婆罗门恍然大悟，原来佛陀要自己把所有一切知见情识放下，内心空掉了，才能盛入法水甘露。

世间苦恼是因为“放不下”。对自己的思想、知识、前途、身份、尊严放不下，对于家庭、父母，妻子、儿女放不下，对功名富贵、金钱利益、是非得失、好坏批评放不下，百般计较，万般放不下。

《法句经》有段经文点出：“不寝夜长，疲倦道长，愚生死长，莫知正法。”有情世间乃相对论的世界，同样的路程与夜晚，疲惫不堪的人感觉路远，不能入眠的人感觉夜长，心理背负的妄执愈多，人生旅途就愈是遥远难行。放下妄执，轻松简单过生活，则夜夜安心好眠！

蛇头与蛇尾

别人的优点我拥护，别人的美事我宣扬，别人的成就我随喜赞叹，这样的心情，人生何其自在。

《百喻经》中记载一则譬喻故事，叙述一条蛇的头与尾巴不知合作，不懂同体共生的重要而致死的故事。

有一条蛇缓缓地往前走，蛇尾忽然向蛇头抗议："每次都是你在前面，我在后面。喂！是靠我弯曲你才能向前行，你就让我在前面走一次嘛！"

蛇头说："蛇头在前面走，蛇尾在后面跟随，本来就是天经地义的啊！"

蛇尾还是不服气，就把尾巴卷在树干上，蛇头没有办法前进："我们卷在树干上，没有东西吃，会饿死的。你快下来吧！"

蛇尾说："除非你让我在前面走。"

"好吧！好吧！我愿意在后面，你在前面走好了。"

蛇头只好屈服了。

然而，蛇尾没长眼睛，看不到前方究竟是平坦，还是危险，它只是没方向地乱走。结果，一不小心蛇头蛇尾一起跌到深坑里，同归于尽。

社会上“同归于尽”的心理很普遍，看不得别人比自己好，比自己优越，比自己有能力，比自己得人缘，比自己会赚钱……于是嗔恨、嫉妒、障碍、不平、计较、比较在心中滋长，茁壮，渐渐地恶从心底起，争执、陷害、邪语种种恶言恶行出炉，将彼此的天空弄得乌烟瘴气，生活因之艰难、乏味无趣。

不妨将自己的心放开放宽，互尊互重互存，常常抱持着“你大我小，你好我坏，你有我无”的心态处事待人。别人的优点我拥护，别人的美事我宣扬，别人的成就我随喜赞叹，别人有喜事我沾光沾光，这样的心情，人生何其自在。

四兽供养

兔子为了求法，为了成就善事，不惜躯命，这一念供养心，教人动容。

《六度集经》中，记载一则佛陀过去世行菩萨道的故事：

有一个梵志，独自一人在清净的山泽中修行，他不贪世俗荣华富贵，终日以茅草为屋，以蓬蒿为席，以泉水野果为食。他高尚的德行教世人敬仰，即便国王有意聘他为宰相，他仍以修道为志向，辞谢国王的美意。就这样在山泽几十年，连野兽都来归附、供养、听法。然而，时日久了，山中的野果穷尽，梵志决定离开这里，到野果丰盛的地方去。

为此，常与他相处的四个野兽十分担忧："即使有一国荣华之士，也像是满海的脏水，不如一升甘露。梵志走后，我们就无法听经闻法了，大家一定要尽力去找食物，供养梵志，恳请他留下来啊！”

于是猴子采集野果，狐狸变作人形，得到一袋炒面，水獭抓到一条大鱼。兔子想，我有什么可以供养梵志的呢？

在梵志面前，猴子、狐狸、水獭将自己觅得的食物交给梵志：“这些足以用上一个月的时间。”唯有兔子找了许多干柴，取火点燃，等到干柴燃起熊熊烈火时，他向梵志礼拜，说：“我实在没有东西供养你，只有这么一个小小的身体，但也可以作为一日的粮食！”说罢，便纵身扑向烈火……梵志见此情此景，万分感慨。刹时，兔子在火焰中化为一尊佛，缓缓升起。

兔子为了求法，为了成就善事，不惜躯命，这一念供养心，教人动容。人世间也处处可见为大众不惜生命的人，像是在灾区奋力抢救生命的救难人员，在火场出入的消防人员，在战场捍卫国土的三军将士，为自然生态奔走的保育人士……

所谓“诸供养中，法供养第一”、“诸供养中，生命第一”。我们如果有将生命供养十方众生的愿心，那真是功德无量了。

施与受

心中有满足，心中有感恩，心中有乐善，就是富贵的人。

贫与富，不能只从一个人拥有的财产来论定，有时表现在学问上，有时表现在道德上，有时表现在慈悲上，有时表现在观念上。

有个故事，说到忙了一天的阎罗王，终于只剩下最后一件案子。他惊堂木一拍，指着两个小鬼说："你们两个到人间投胎做兄弟。做哥哥的，专门布施给人；做弟弟的，专门接受施舍。你们哪一个人愿意做哥哥？哪一个愿意做弟弟？"有一个小鬼说："我愿意做施舍一切的大哥。"另一个小鬼则表示，愿做弟弟，只要接受就好了。两个人到人间投胎后，大哥成为一个大富翁，到处布施行善，所谓舍得、舍得，他愈舍愈得，因此愈加富贵荣华。小弟悭吝不肯舍得结缘，因而贫穷潦倒，沦为讨饭的乞丐，到处接受别人的施舍。

故事，就是一面智慧的镜子，以古鉴今，从中汲取人生的哲学与开发内在的觉性，佛经里的故事永远像一个解惑的老师，教导我们认识自己，肯定自己，唤醒那个沉睡的主人翁。

“富翁”与“乞丐”比喻着富贵与贫穷取决于愿意“施舍”，或只是“接受”。

世间上，谁是穷人，谁是富人？不一定从财产、社会地位来衡量。有的人虽不富有，但乐于给人，助人，赞叹人；有的人虽然家财万贯，却悭吝不舍，财产再多也觉得不够。所以“施舍”与“接受”，孰贫？孰富？

给予的人心灵是雍容华贵的；等着人家施予的人，不只是心理的贫穷，而且是个精神的残障者。有人说，21世纪，精神忧郁的疾病将成为人类心灵致命的杀手，我觉得心理的病根不外乎就是贪嗔愚痴，也就是不肯给人的心灵贫穷。

贫富的标准究竟为何？就在我们的心中。心中有满足，心中有感恩，心中有乐善，就是富贵的人。事事不满足，想到的就是个人利益，自私自利，不懂付出，不顾公理正义，那就是世界上最贫穷的人了。

其实我们的心里同时住着那两个兄弟，要成为给予的富人或是接受的穷人，就看我们愿意施，还是愿意受。

最贫穷的人

真正富贵的人，应是懂得将手上的财富发挥效用，利济人间的人！

佛陀时代，有一个善生长者，得到世间上最宝贵的旃檀香木制作的金色盒子。长者对人宣布："我要把这个金色盒子，送给世间最贫穷的人。"消息一传开，立刻有很多穷人向长者索讨，长者却认为他们不是世间最贫穷的人。

大家十分不服气，认为善生长者并不是真心要把金色盒子送给人。长者说："这个金色盒子，是要送给世间最贫穷的人，谁是最贫穷的人呢？我告诉你们，不是别人，他就是我们的国王波斯匿王，他才是世间最贫穷的人。"

这句话传到波斯匿王耳边，他相当震怒："哼！我是一国之君，拥有无量的金银财宝，怎么可以说我是世间上最贫穷的人呢？去！去把善生找来！”

善生长者才到，波斯匿王便急着把他带到收藏珍宝的库房里。指着满室的黄金，波斯匿王问：“你知道这是什么地方吗？”

善生长者说：“这是收藏黄金的金库。”

“那是什么地方？”波斯匿王指向银库。

“收藏银子的银库。”善生长者回答。

“那是什么地方？”波斯匿王又指向宝库。

“是收藏珍珠的宝库。”善生长者回答。

波斯匿王大声责问：“你既然知道我有金库、银库……这么多的财宝，你怎么可以在外面散布谣言，说我是世间上最贫穷的人呢？”

善生长者从容不迫地回答：“大王！虽然您的国库盈满了金银珠宝，但是您的眼中看不到饥饿的百姓，心中没有福利人群的慈悲，再多的财宝也等于没有用的东西。财富是用来创造美好的生活，而不是储藏囤积起来呀！”

在善生长者的心中，波斯匿王纵使拥有金库银库宝库，实际上却是个不懂得福利大众、利益人群的贫穷人。

世间上像波斯匿王这样“最贫穷的富人”多得不胜

枚举，有钱不知运用，具知识、有能力不懂善用，只知锁在宝库里自己把玩，自我陶醉，又有何用？真正富贵的人，应是懂得将手上的财富发挥效用，利济人间的人！

最好的供养

供养如播种，选好的土地，才有好的收成。

佛陀时代给孤独长者，有个女儿名叫善无毒，相貌庄严，殊妙无比。

中印度福增大城，有位众所钦敬的大富长者，名叫谟尸罗，他的儿子名叫牛授。他们世代信奉外道，从未听闻佛法。谟尸罗一知道牛授有意娶善无毒时，便亲自拜访给孤独长者，为儿子提亲。

给孤独长者请教佛陀此事，佛陀告诉他："善无毒嫁到福增城，必定会在城内宣扬佛法，你可以放心地答应这件婚事。"给孤独长者回到家里，就依照佛陀的指示，将善无毒嫁给了牛授。

一天，谟尸罗在家中备办丰盛的饮食，供养一些外道。善无毒看到那些外道裸露形体，相貌丑恶，臭秽无规矩，不禁心生忿恚。就礼貌地告诉谟尸罗说："你供养这么多人，能获得很大的福报。但我不明白，你为什么要供养这些裸形外道？”谟尸罗惊讶地问道：“世间还有比裸形外道更有修行的导师吗？”

于是善无毒将佛陀出家成道，化度众生的事迹与悲愿，为谟尸罗详加说明。谟尸罗听完善无毒对佛陀的称赞，立刻升起敬仰之心，开始准备斋食，希望供养佛陀及比丘僧。

第二天佛陀和比丘们到谟尸罗长者家应供，并且宣说无上妙法，福增城内大众听到妙法，如饮甘露，获得无量法喜。

供养如播种，要选好的土地，才有好的收成。《四十二章经》说，供养一百个平凡人，不如供养一个善人；供养一千个善人，不如供养一位受持五戒的人；供养诸佛菩萨和阿罗汉的功德，更是不可思议。所有的供养中，又以法供养为最上等。

一个佛教徒，把学佛的欢喜美好，告诉别人，也可以算是法供养。如果大家能在社会广为宣扬佛教教义，令人深信因果，止恶向善，使社会的暴戾和乱象减少，必定能为大众创造祥和安乐的生活环境。这种弘扬佛法的功德，远远胜过物质供养的功德。

不消失的遗产

与其遗财给子孙，不如为他们筹积福德资粮，才是长久之计。

“爱不重不生娑婆”，人因为有情爱而轮回世间。在我们一生当中，受到感情牵绊的影响最深，尤其是人伦至亲。甚至有人即使挣脱得出名利枷锁的桎梏，却摆脱不了亲情的牵挂。但是世间之乐，虚幻不长久，感情再好的亲眷，一旦大限来时，缘尽分离，彼此不相识，徒留的只是无法替代的业果。

舍卫城有一位悭吝成性的富翁，他常常教导儿子：“不要认为自己家财万贯就可以任意花费，应该更努力的积蓄钱财。”富翁还在自家地下挖一个深洞，偷偷埋藏五大箱的黄金，一直到死都没有告诉儿子这个秘密。

吝啬的富翁死后，投生到一位乞丐妇人家里。妇人自从怀孕到生下孩子，亲族接二连三发生许多衰事，诸般不顺，妇人也因此被视为“扫把星”，赶出村落。往后只要是带着“富翁”出去乞食，都会发生不吉祥的事情，等“富翁”长到三岁时，妇人便要他自己外出乞食。

一天他到舍卫城乞食，不自觉地走进前世的家中时，邋遢的外表与丑陋的面容，惊吓到所有的人，因而被赶出门外。刚好路过的佛陀明白“富翁”的前世因缘，就告诉他的儿子因缘来去。起初这儿子不能相信，直到“富翁”指出生前偷藏的五箱黄金后，他的儿子才恍然大悟，体会因果不爽、财富虚幻的道理，而皈依佛陀成为虔诚的佛教徒。

人之所以有痛苦、烦恼，都源自于执著“我”的存在，而有“我的妻子”、“我的儿女”、“我的财产”的渴求与追逐。清朝顺治皇帝深明此理，留下“未曾生我谁是我，生我之时我是谁？长大成人方是我，合眼朦胧又是谁？”的叩问，要人反思烦恼之源。

人由因缘和合而有，《根本说一切有部毗奈耶》说：“一切恩爱会当别离，眷属聚集法不长久，如彼行路同息树阴，会合片时要当分散。”与其遗财给子孙，不如教给他们因缘果报的道理，为他们筹积福德资粮，才是长久之计。

长寿道人

人生在世只知赚钱享乐，就像乘坐泥船渡河，那是很危险的。

佛陀有一个弟子叫长寿道人，家财万贯、富可敌国。他不像一些富翁对人悭吝爱财、对己挥霍无度，他喜爱救济贫苦人家，帮助他们生活所需。对此，他的朋友很不以为然，说：“你布施得太多了吧！”

长寿道人说：“一点也不多！我曾听佛陀开示，人轮回于六道，死死生生，那些日子多得难以想象。今日我所有布施，一天还用不到一文钱，这算多吗？佛陀说，得一切天下珍宝，远不如听闻一句法宝珍贵。因为人有再多的财产，若不能离世间苦难，也是枉然。”

朋友仍然试图劝他：“那些钱财毕竟是你自己辛苦挣来的，应该储存起来，善加利用才是。”

“你听过一个故事吗？”长寿道人接着说，“在一座山里，有只揭鸟拥有美丽的尾巴。一天，它心爱的尾巴被树乳粘住了，它生怕伤了五彩的羽毛，所以不敢轻举妄动。后来这只鸟被猎人发现，毫不费力地把它擒住了。猎人回家后，拔掉揭鸟的羽毛，肢解它的身体当了食物。你想，假如揭鸟不执著于尾巴，何至于丧命呢？人类也是如此，只想到要发财致富，却不见渐渐逼近的灾难。钱财如果不懂得运用，非但无法享乐，还可能招致祸患，而布施便是处理财帛最好的方法。”

“你说得很有道理，但是花点钱，玩乐享福也无妨，而且也应该为儿女们留一些积蓄才是。”

“玩乐不一定能带给人快乐，反倒是看到那些穷人的笑容，让我感到称心快意。至于儿女，儿孙自有儿孙福，你看蜜蜂成日辛勤采蜜，酿成蜜糖作为后生的食粮，然而偷蜜的人，用烟火熏灼蜂巢，驱走蜜蜂，不但把蜂蜜偷去，更毁灭巢中的稚蜂和蜂卵。蜜蜂酿蜜招祸，和人类积财招患，都是不智之举。”

长寿道人接着说：“人生在世只知赚钱享乐，就像乘坐泥船渡河，那是很危险的，假如以竹筏渡河，不是安全得多吗？供养布施就是最可靠的工具啊！”

长寿道人说的是，人生在世并非只是为了赚钱享乐。忙碌一生，难道只是为留下财产给子孙“享福”；只想喂饱无穷尽的贪念吗？或者只求自己有钱挥霍玩乐，只恐怕空虚无聊吗？

其实，人生还有很多有意义的事，好比长寿道人济贫助人，或是通过读书增长见识、通过旅游体会不同的生命、通过交际活动学习与人往来、通过行善做义工开拓心胸。再如可以三五好友谈谈人生、理想，或是一家人团聚围炉相互取暖，或是与同学一起看电影、探讨生命等等，都能让人觉得充足踏实。

生活有很多乐趣，就看我们如何为自己创造快乐、创造幸福。

磨石作牛

人要清楚自己的方向与目的，切莫功成名就时，迷失了自己，更枉费一路来的用功。

《百喻经》里有一则譬喻故事：有一个人，专心一意、勤劳奋发地磨一颗大石头。他经年累月、夜以继日，花费人生大半的时间，竟然只是将这颗大石头磨成一个很小很小的石牛。亲朋好友看到他的成果，无不耻笑他："你用那么大的石头，费了那么大的功夫，却只磨成一个小牛，真是不值得啊！"

《百喻经》这则"磨大石喻"，以"磨大石"比喻致学精勤劳苦，"小牛"比喻名闻、是非，提醒为学者，研思精微、博闻多识固然必要，但更应该留心自身的品德操守，清楚自己的方向与目的，切莫功成名就时，为名誉、权位而养成骄奢贡高、巧诈操弄、蛮横专断的恶态，迷失了自己，更枉费一路来的用功。

《论语》有言:“见小利,则大事不成。”无论为学读书、担任官职、创业兴家,眼光短浅,贪求小利,或是计较是是非非,永远都只是为小事小利牵绊,为名利富贵捆绑;要成就大事,就要具足放眼未来的胸怀,不贪图眼前利益,舍小求大,懂得“细水长流”、“学习吃亏”的哲理。

否则十年“寒窗苦读”,却只是“经历日月,作小戏牛,用功既重,所期甚轻”,就枉费日月了。

我所鸟

如果盲目追逐着“我所有”，执著不已，一朝无常来到，我们究竟还剩下什么呢？

追逐，每个人都有。追逐地位、爱情、财富、学历、理想，大大小小不同。其实追逐是一种人生的动力，成败得失，在于我们是不是始终清楚“是为了什么？”“真正的意义为何？”还是不明不白地成为一种执取。对此，《生经》有一则《我所鸟》的寓言，可以作为我们反思这个问题的引子。

很久很久以前，有一座大香山，满山遍野长满了各种药草。山里的荜茇树上，住着一种鸟，名叫“我所鸟”。每当春天药果成熟时，上山采药的人可说是络绎不绝。这时，我所鸟总是悲鸣地叫唤：“这山是我所有！这药果是我所有啊！我的心实在痛苦，你们为什么要来夺取我的所有。”我所鸟昼夜频频呼唤，扑翅哀鸣要人止住，但是人们仍旧采撷不停。最后，我所鸟终于嘶竭力尽，吐血身亡。

我所鸟渴爱着大香山的一切，就如同我们渴爱着世间一切，由于爱而执为实有，由于执为实有而不能接受无常变化，由于无常变化而忧悲苦恼、不能自在。

每个人的心里大都有着一种认为：我所有。土地房舍是我所有的，钱财衣物是我所有的，美貌名望是我所有的，这本书是我所有，那支笔是我所有的，这面墙是我所有的，那块地是我所有的……为着种种“我所有”，与人刀枪相向、斤斤计较，让自己忙得昏天暗地、无法静心。

古人都叹：“滚滚长江东逝水，浪花淘尽英雄。是非成败转头空。青山依旧在，几度夕阳红。”如果盲目追逐着“我所有”，执著不已，一朝无常来到，我们究竟还剩下什么呢？

极乐世界有酒吗

舍不得一时一事，终将损去一世、失去一切。不懂得舍弃过去，怎么能走向未来？

蛇脱去旧皮，蚕破茧脱蛹，都是为了舍去过去，走向未来。同样的，我们舍弃了旧有的观念，才能够接受新知；舍弃错误行为，才能够重新认识自己；舍弃贪爱执著，才能够无拘自在……

过去不代表不好，只是落入贪执就会带来痛苦，就无法向前行；时间不曾停止，因缘总在变化，倘若我们紧抓着过去不放，终将被自己筑起的高墙禁锢。舍弃并不是消极，而是更积极奋勇的走向未来。

有一个喜欢喝酒的读书人，一时兴起，到寺院拜访老和尚。他问老和尚："我最喜欢米酒了！要是没有酒，就算是山珍海味，我也觉得无味。请教老和尚，极乐世界有酒吗？要是没酒，我可不愿意往生！"

老和尚以一则故事回答："我尚未见过极乐世界，所以不知道有没有酒，但我先讲一则故事给你听。从前，有黑狗及白狗，在狗的社会中，传说白狗下辈子可以投胎做人。因此，黑狗便对白狗说：'你真幸运，下辈子就可以当人了，可以穿漂亮衣服，还可以用两只脚走路，真令我羡慕。'白狗听了却黯然答道：'下辈子能做人当然高兴，不过我担心一件事，我最喜欢吃那些菜渣肉屑了，投胎做人以后不知道还有没有办法吃到那些东西？'"

无知的读书人只看到一瓶米酒，不知净土的世界，思衣得衣，思食得食，无半分欠缺。

我们因为被世间的虚妄之相，迷惑真心，就像老和尚故事中的白狗，因为业识障蔽，狂乱愚痴，以菜渣肉屑为世间美味。我们如果舍不得一时一事，终将损去一世、失去一切；我们如果无法打破狭小下劣、妄想执著的心墙，便无法体得竖穷横遍恒河沙数的极乐世界。

因为，不懂得舍去过去，怎么能走向未来？

大乘心难发

喜舍布施，能够放下一份的我执我爱，就可以证得一份的空性自在。

昔日舍利弗在因地中修行时，回小向大，转发大乘心，当他正要进入菩萨第七不退住的时候，天人来试探他的大乘心了。天人化为一个孝子，坐在舍利弗经过的路上啼哭，舍利弗上前问道："请问大德有什么不如意的事？为什么在这儿哭呢？"

"不关你的事，请你不要管！"化人孝子说。

"告诉我，你有什么困难，说出来或许能帮助你！"

"我的问题，怕你不能帮助。"

"你说来听听！"舍利弗催促着。

"唉！"化人孝子叹息道："我的母亲染了不治之症，医生说，必须用活人的眼珠熬药才能治，而且必须要修道的圣者才有用。活人的眼珠已经很难找了，何况是要修道的圣者，这到哪里才能找到呢？想到我那病重的母亲就要死去，我怎不伤心流泪？”

舍利弗听后，微微一笑，对化人孝子说道：“请你不要难过，我能帮助你！”

“真的？”

“一点不假！告诉你，我已经是证果的圣者，我已发大乘心，一切身外之物都已布施给众生，我正想有机会将此身体，甚至生命布施给众生。请你相信我，我一定能帮你救活你的母亲，你就来挖我一个眼珠去吧？”

舍利弗说着，把头偏过去，但化人孝子摇摇手说：“那不能，我怎么敢挖你的眼睛，这不犯法？假若你真愿意救我母亲一命，希望你自己把眼珠挖下来给我！”

舍利弗一听他说得有理，随即勇猛地把左边的眼珠用手挖出，交给化人孝子：“拿去吧！祈愿你母亲早日康复。”

哪知化人孝子不肯接受舍利弗给他的眼珠，连忙摇手道：“糟啦！医生说，煎药治病，要右边的眼珠才有用，左边的我要了做什么呢？”

舍利弗一听，大惊失色，心想："这真糟糕！左边的眼珠挖下来，还有右边的可以看，现在怎么办呢？"他怪自己粗心，当初怎么没有问他一下。

舍利弗又再想想，修学菩萨道，发大乘心，过去的圣者，舍头目脑髓，经过多生多世，为什么我不能？救人救到底，左边的眼珠既然没有用，右边的再挖下来给他就好。因此不等再问，他又勇猛地把右边的眼珠挖下来交给化人孝子。

化人孝子把眼珠往手中一接，放在鼻上闻一闻，随即往地上一掷，并用脚踏眼珠，大骂道："你是什么修道的圣者？眼珠这么腥臭难闻，怎么可以煎药给我母亲吃？"

舍利弗听到化人孝子辱骂，并用脚踩踏他眼珠的声音，不禁灰心：你要活人的眼珠，我因为发大乘心，普济众生，愿意把眼珠布施给你，左边的你不要，右边的你嫌臭，我有什么对不起你，你还骂我……对度众生的热情已经感到万念俱灰的舍利弗，觉得众生难度，不愿再发大乘心了。

大乘心难发，需要不惧不畏。喜舍布施，能够放下一份的我执我爱，就可以证得一份的空性自在。也许效法诸佛圣贤大行大愿，我们还未能周全，也可学习布施不悔，心甘情愿地尽己所能，关怀弱者，解人急难，利人的当下等同破除内心贪悭的恶贼，增长柔软与大悲，点滴修持也能成就永不退转的大乘心。

世间的真相

试着把眼界放远放阔，看看这世间所有就像闪电倏忽即逝，谁能把捉？

“陋室空堂，当年笏满床；衰草枯杨，曾为歌舞场；蛛丝儿结满雕梁，绿纱今又糊在蓬窗上。说什么脂正浓，粉正香，如何两鬓又成霜？昨日黄土陇头埋白骨，今宵红绡帐底卧鸳鸯。”《红楼梦》这一段话道尽了世间的真实相，贪执人生所有，终究我们能拥有什么？

有个师父向弟子说：“世间是个幻影，唯有以自己为依靠，你还是随我一起出家修行吧！”弟子说：“可是我的家人，我的父亲、我的母亲、我的妻子，他们非常爱我。我怎能抛下他们呢？”师父回答：“现在你有许多的妄想，所以会贪恋不舍。不过我可以教你一个方法，你就会知道世间的真相了。”

这个师父交给弟子一颗药丸，吩咐说：“回到家里服下这颗药，不久你就会像一具尸体，但是脑筋清醒，可以听到家人一切言行。然后我会到你家里，再让你恢复清醒。”

弟子依照师父的指示，吃了药，躺在床上就像个死人，顿时家中一片哀号。母亲、妻子和其他亲人都伏在地上恸哭不已。就在这时师父走进屋里，问他们说：“发生什么事情?”家人哀伤地回答：“这孩子死了。”于是师父把一把脉，故作讶异地说：“不！他还没有死，我有药能够救活他。”家人一听，个个喜出望外，欢喜得不能自已。

师父继续说：“我先说明，要救活他，必须有一个人先服这药的一部分，这孩子再将其余服下，但这个人会死。我想，这里有这么多爱他的亲眷，当中一定有人愿意为他服下这药。”

话音甫落，哭声顿时止息。母亲首先说：“我们是个大家庭，要是我死了，谁来照顾这个家呢?”说完便低头沉思不语。哀叹命苦的妻子接着说：“我两三个孩子年纪又小，如果我死了谁会照顾他们呢?”弟子听见亲人的反应，马上一跃而起，向师父说：“我们走吧!”

故事中的师父说的真切，“世间是个幻影，唯有以自己为依靠”，我们试着把眼界放远放阔，看看这世间所有就像闪电倏忽即逝，谁能把捉？亲眷爱侣、权势财宝带不走，富贵利养、华衣美食带不走，终日营营扰扰，费尽心机，用心计较，也不过是沙上建楼，一场黄粱梦罢了。

藏金砖

钱财，唯有“用了”才是自己的。要善加运用，充分发挥它的功效。

有一个人在家里的地底下藏了许多黄金砖块，一藏就是三十多年。这三十多年来，他始终没有用过这些黄金砖块，只是偶尔去看看、摸摸，心里便踏实，心满意足了。

不幸的是，一天家中遭小偷，把他宝贵的黄金砖块全数偷走。亲友问他：“这些金砖藏在家里三十几年了，你有没有用过呢？”

伤心得死去活来的他哽咽了半晌，才开口说：“没有！”

亲友安慰他：“你既然没有用过，那不要紧，我去拿几块砖头，用纸包起来，藏在同一个地方。你可以常常去看，把它当作藏在那里的金砖，不是一样可以欢喜吗？

何必这么伤心?”

人为财困的愚昧,真是无法想象。佛经中,无时不提醒“世财五家共有”;天灾地变、贪官污吏、不肖子孙、盗贼土匪、经济萧条等无常之事,都会导致金钱散失,终究不能为我们所有。

可惜的是,有的人一辈子都活在“囤积”之中,囤积金钱、物品,积聚执取,悭吝守财,就像故事中的主人翁做了三十多年的守财奴,不但没有享受到财富之乐,还得承受失去的痛苦。

正确的财富观应当是:钱财,唯有“用了”才是自己的。纵使拥有大如须弥山的钱财,不知运用,充其量也不过是一堆废纸而已。我们应该视钱财如流水行云,不贪不昧,善加运用,充分发挥它的功效,才不致成为子孙纷争的根源,成为捆绑身心的黄金绳索。

富贵固然是一种福报,懂得运用更是一种智慧啊!

生死一如

精神有所寄托，生命的价值发挥极致，生死便不足以畏惧。

见人获麟儿，常人总会心生欢喜，道一声“恭喜”，见人往生，便心生悲哀，劝告节哀顺变，那是以俗眼看人间生死事。在无尽生命的轮回里，生又何足喜，死又何必悲哀，因为生死好像时钟，从“一、二、三、四、五、六、七、八、九、十、十一、十二”，又再回到“一、二、三……”它是环状的，是不断轮转的，生生死死，死死生生。

一九六一年时，我在云林县虎尾镇念佛会主持佛七。益妙尼师前来，神色忧戚地告诉我：“恐怕您下次来就看不到我了。”我问她为什么？她说：“我染患大肠癌，医生说我只剩两个月的生命……”

我那个时候还年轻，听到生人作死别，也不知道怎么安慰她才好。只有说道：“出家人应该把生死看淡，生死一如，不要老是挂念死，在有生之年，做你欢喜做的事、助人的事，做一日和尚撞一日钟，其他的事不要想得太多。”

没想到她听了我的话以后，收起悲哀的情绪，在云林广播电台开辟“佛教之声”节目度众利生。每天半小时播佛教的节目，需要一千八百元左右，她就这么“五块钱、十块钱”地到处奔波劝募化缘，好缴纳“佛教之声”节目的播出费。

当我再度看到她时，她的脸上泛满红润的色彩，她不但没有往生，二十几年过去了，云林广播电台“佛教之声”节目，不断地给予听众莫大的信心与力量，而这位益妙尼师的生命，也仍然继续发挥她的光和热。

一个人忘记了生死，看淡了生死，体认生死本如如，纵使不治之症，在信仰力量前也会屈服。有了坚定的信仰，全心为人为教服务，精神有所寄托，生命的价值发挥极致，生死便不足以畏惧！

居安思危

人恒处在幸福安逸的环境中，缺乏外境的刺激，很容易丧失奋斗力，如同温室的花朵，经不起风吹雨打。

古时西域有一大月氏国，居于敦煌、祁连之间（今甘肃省中部西境及青海东境地）。汉朝时被匈奴攻破，逃往西边，在薄罗城建立首都，名“大月氏”。大月氏国自古有个特殊的风俗，人们给猪吃的食物，是用奶油炒麦子来喂养，以使小猪有丰富营养，体态壮硕肥大。

当时，由官府供给、饲养的马儿见到小猪，日日皆有美食供应，十分的羡慕，常常对母马发牢骚道：“我们一生为国家卖命、效劳，几番火里来、水里去；有的同伴甚至战死沙场，也无怨无悔，为什么官员给我们吃的食物却是杂乱的干草，喝的是路上的脏水？想想，实在是不值得啊！”

母马语重心长地说：“你们无须只看当前的因缘，就羡慕那些吃奶油炒麦子的小猪，而对自己的遭遇感到悲哀。过一些时日，你们自然会明白个中的道理。”

农历春节时分，处处张灯结彩，喜气洋洋，每户人家无不备办上等的佳肴，来慰劳自己一年的辛劳。此时，饲养一年的小猪已变成非常肥胖的大猪，人们将大猪捆绑起来，丢进滚烫的水里烹煮，灼热的痛苦，让大猪不时地发出凄厉的哀号声，在官门马厩内的母马对小马说：“你们是否还怀念奶油炒麦子的香味？”

人恒处在幸福安逸的环境中，缺乏外境的刺激，很容易丧失奋斗力，如同温室的花朵，经不起风吹雨打。人生必须遭遇种种的磨难、挫折与打击，才能如暴风中的雄鹰，搏击长空；如狂风骤雨中的海燕，迎击不退。

因此，一个能受得住艰难困苦、人世磨练的人；意志能坚忍不拔，努力奋发，必定可以出人头地，自有一番大作为。我们不妨问自己：是温室中的花朵，抑或暴风雨中的雄鹰与海燕？是破铜烂铁，还是经得起千锤百炼的好钢铁呢？

真正的财富

人生当中，唯有信仰、满足、欢喜、惭愧、结缘、平安、健康、智慧等等，才是真正的财富。

谁才是真正富有的人？拥有良田万顷？身价百亿？儿孙满堂？还是看得到自己拥有的人呢？

有一个大富翁家产千万，却总是说："穷啊！穷啊！"朋友质问他："你万贯家财，为什么还要哭穷呢？"他说："不知道什么时候会有水灾或火灾，所谓水火无情，财产会给水火荡尽啊！"

朋友又问道："哪有这么巧，这么多的水火？"富翁说："贪官污吏也会抢夺我的财产啊！""哪有那么多贪官污吏？""不肖的子孙也会让我倾家荡产啊！"富翁接着又说："还有盗贼土匪、通货膨胀、金融风暴、经济不景气等，都可能使我的财产一夕之间化为乌有。因为财产是五家所共有，我怎么能不穷呢？"

又有一个平凡的农夫，经常告诉别人，他是全国最有钱的富翁。税捐处听到之后，想要扣他的税，问他是不是世上最富有的人？农夫认可后，税务人员就问他："你有哪些财富呢？"农夫说："我的身体健康，我有一位贤惠的妻子，还有一群孝顺的儿女。更重要的是，我每天愉快地工作，到了秋冬的时候，农产品都会有很好的收成。你说我怎么不是世上最富有的人呢？"税务人员听完之后，恍然大悟，恭敬地说："你不愧是一个最懂得人生之道、最具有智慧的富者。"

真正的财富，不一定以银行存款论断，也不一定是指土地、房屋、黄金、白银，因为这些都是五家所共有，个人无法独得。

人生当中，唯有信仰、满足、欢喜、惭愧、结缘、平安、健康、智慧等等，才是真正的财富，才能让我们的心灵感到踏实与充足。

什么最苦

只要把我们心里的贪欲、嗔恨、愚痴、邪见等转换为喜舍、慈悲、般若、恭敬，当下就是天堂。

在一个风和日丽的下午，森林里，一群动物，有兔子、乌鸦、小鹿、斑鸠等等飞禽走兽，彼此议论着什么最苦？

兔子首先发表意见："肚子饿最苦。"

乌鸦接着说："没水喝最苦。"

小鹿说："天气热很苦。"

斑鸠反驳："天气冷才叫苦呢。"

最后大象站出来说："你们所说的都不是最根本的苦。天下之苦，莫过于有身。就是因为我们这个身体的缘故，才招致一切苦的感受。"

一切苦的来源，都是因为有这个身体，所以才有生、老、病、死等生理上的痛苦，以及贪欲、嗔恨、嫉妒、爱别离、怨憎会、求不得等心理上的痛苦。人的身体，实在是众苦所积聚而成。老子也说：“吾所以有大患者，为吾有身。及吾无身，吾有何患？”

既然有身体很苦，那么我们是否该将身体舍弃，甚至自杀？倒也不必，必须懂得利用身体修行。例如：我不贪欲、不嗔恨、不嫉妒、没有求不得苦，进而培养喜舍心、慈悲心、服务心、奉献心。一念之间，苦乐就不一样；一念之间，就有天堂与地狱的差别。只要把我们心里的贪欲、嗔恨、愚痴、邪见等转换为喜舍、慈悲、般若、恭敬……当下就是天堂。

一念之间，哭婆可以变笑婆；一念顿悟，当下便能由苦转乐，解脱自在。

老鼠偷酥油

一味投自己所好，安逸懒惰，禁锢自己在酥油瓶内，就会大祸临头。

昔日，有一个长者从事贩卖酥油的事业。他习惯将制作好的酥油贮放在高楼上，一次取完酥油，却没有将盖子拴紧，引得老鼠溜进酥油瓶里偷吃酥油。贪吃的老鼠昼夜大快朵颐，数日后，身体倍数增胖而出不了酥油瓶，最后死在瓶内。有一天，长者为顾客上楼取酥油时，才发现瓶内的老鼠骸骨。

他自忖：应该是老鼠溜进瓶内偷吃酥油，放纵贪心不去，才导致酥尽鼠死的结果，放逸多所过患，确实是真实不虚的道理！

放眼人间，也有很多偷吃酥油的小老鼠，一味投自己所好，安逸懒惰，禁锢自己在酥油瓶内出不去。一待酥油吃完了，就会大祸临头。

生存在世间，最怕把自己养成“胖鼠”，局限在一个小框框里，自我沉思陶醉，钻牛角尖。身陷困境走不出去，交友结缘走不出去，创业做事走不出去，为学研究也走不出去，最后只有被“酥油”灭顶了。

人生意义的完成得透过扩大自我，放下“酥油”走出去，服务群生、实践理想、与人往来互动、阅尽人间万事，让一己与众生的生命融合一起，将一己之心与众生心结合一起，才见生命可贵的真义。

放情畅游在大家共同创造的美丽海洋，不是更加享受？何苦只偷吃一瓶酥油！

放不下

何不学几分布袋和尚的洒脱，在提起和放下之间，随缘随分。

一个年轻人去爬山，不小心从山顶滑下来，幸好抓住山腰的一棵大树，才幸免于难。年轻人抓着树藤，往上看是峭壁悬崖，往下看则是万丈深渊。心里想：上也无路，下更难行，这要如何是好？眼看着天色愈加昏暗，恐惧像潮水一般汹涌而来。年轻人全身发抖，喊叫着："佛祖啊！这个时候也只有您能解救我，请您赶快现身，救救我这可怜人。"不久，佛祖真的现身在山顶上，向年轻人说："只要你愿意相信我的话，我就有办法救你。"年轻人回答："佛祖，只要你能救我的命，你说什么我都相信。"佛祖听完年轻人苦苦的哀求，微笑说："你现在把手放下！"年轻人一听，手一放下，不就没命了吗？于是更加抓紧树藤不放。佛祖无奈地说："你不放下手里的藤蔓，我哪里有办法接引你，让你得救呢？”

人间许许多多的人与事，像金钱、名利、地位、爱情等，我们都放不下。故事中，抓紧树藤的年轻人，就像我们贪恋外在的欲望，一刻也放不下。禅门中常以“葛藤”来形容我们的烦恼，缠缚我们的身心，使我们如飞蛾赴火，不得自由。

拥有的人生充满失落的恐惧，且衍生求不得的痛苦，在熙熙攘攘的人间逆旅，何不学几分布袋和尚的洒脱，在提起和放下之间，随缘随分。

放下，使我们得救，了却五欲的追逐之外，还有个无求的天地。

遗钱不顾

有钱，要懂得用、肯用，用来造福大众、利益群生，才能发挥“钱”的价值，提升人生的层次。

隋朝富上和尚，于益州净德寺挂单时，常常停驻在一条环境僻静，行人稀少的路上。他把斗笠系在树下，坐着读经，任由路人来来去去随喜布施，从不唤人布施，也不出语答谢施者。有人劝他说：“城西北人口稠密，布施多，何必在这里空等候呢？”他回答：“修道人，一钱两钱就足够养活这身臭皮囊，钱多了增长贪心，会被金钱埋葬的，要那么多钱有什么用呢？”

陵州刺史赵仲舒是个酷吏，不信佛法，听闻富上和尚行仪，起意试探。赵仲舒先是骑马经过，假装遗失一贯钱，富上和尚视若无睹，仍然专心读经。他又派人去拾钱，富上和尚依然闻风不动。

赵仲舒诘问：“你一天只得到一钱，看到别人把地上的钱拣去，为什么不阻止呢？”富上和尚回答：“不是我的钱，为什么要妄认为己物呢？”赵仲舒闻言，立即下马礼谢，赞叹不已。

富上和尚够用就好的观念，就是一种幸福快乐之道。然而多半的人贪欲悭吝，欲望无限，有了百想千，有了千想万，只想要“多”，最后被“多”所埋葬；要不就是希望“有”，有到最后尽是负担、罣碍。人生究竟是“有”好？还是“无”好？“有”，要与社会大众共享，就不嫌多。“无”，能在“无”中体会精神的世界，心灵上的富裕安乐，无也很好。

有德之人，尽管一毛钱都没有，仍然有很多人向他学习，以他为榜样，像是饿死在首阳山的伯夷、叔齐。在以人喻人上，如果以伯夷、叔齐来比人，对方会很高兴；但如果以纣王、幽王等不义的君王来比心，别人会很生气。为什么？因为纣王、幽王没有道德，而伯夷、叔齐有道德。

富上禅师“遗钱不顾”显示他有道德，但并不表示有钱就没有道德。有钱，要懂得用、肯用，用来造福大众、利益群生，才能发挥“钱”的价值，提升人生的层次。

知足心安

纵使过着清贫的生活，只要觉得心安，日日都是花红柳绿。

第一富有的人是谁?《佛所行赞》说:“富而不知足，是亦为贫苦。虽贫而知足，是则第一富。”是贫？是富？在于我们懂不懂得知足，能不能够在当下的因缘中，寻出一片自在清淡的人生。

传说八仙当中的吕洞宾，有一天从天界下凡来，发心要救渡有缘的众生。在半路上，吕洞宾看见有个少年坐在地上流泪，于是趋前问道:“少年朋友，你为什么哭呢？遇到什么困难吗?”

少年叹了一口气:“我母亲卧病在床，家里没有钱请医生来看病，我本来要出去做工赚钱，可是母亲又不能没有人照顾!”

吕洞宾一听，心里很高兴，难得世间还有这么孝顺的孩子。为了资助这个少年，吕洞宾使用法术，把路旁的一块石头变成黄金，并且交给少年。没想到，少年却摇摇手，表示不要这块黄金。

吕洞宾心里更是欢喜欣慰，这少年竟然还是一个不贪恋黄金的君子。“你为什么不要黄金？这足够让你们母子几年不愁衣食呀！”吕洞宾问。

“你给我的黄金，总有用完时候，我要你的金手指，以后只要我需要钱，手指随意一指，遍地就是黄金。”少年一脸贪鄙。

吕洞宾听了以后，对于人性的贪婪，感叹一声，飘然远去！

人的欲望像个无底的黑洞，永远没有填满的一天。一个人即使赚了亿万财富，心被贪欲驱使，生活就享受不到富足的快乐。

纵使过着清贫的生活，只要觉得心安，日日都是花红柳绿。倘若坐拥华厦的巨富，不知回馈社会，福利大众，身陷在贪欲的火宅，怎能听到清脆的鸟语，闻到芬芳的花香？

将心胸放开扩大，
自己爱的也让别人能爱，
自己欢喜的也让别人欢喜

一生努力追求成功，

是很正当的事，

当你成功时，

别忘了慷慨跟别人分享。

一个能受得住艰难困苦磨练的人，
意志能坚忍不拔，
努力奋发，
必定可出人头地，
有一番大作为。

看破的人生，
随缘自在，
该来的让它来，
该去的让它去。

烧饼的故事

急急地寻找快速的解脱之道，倒不如在每一个因缘里欢欢喜喜地乘凉。

有一天，赵州禅师和徒弟文远禅师，在一起谈禅论道。有个信徒送来一块烧饼，赵州禅师说："这一块烧饼我们两个人怎么吃？"徒弟说："应该师父您吃。"赵州禅师说："这样不公平，这样好了，我们来打赌，谁赢谁就吃这块烧饼。"徒弟问怎么赌法，赵州禅师说："我们就以最脏、最臭、最下贱的东西来说自己，谁能把自己说得最脏、最臭、最下贱，谁就赢了。"徒弟就说："好啊！师父你先说。"

赵州禅师："我是一头驴子。"

徒弟："那我是驴子的屁股。"

赵州禅师："我是屁股里的大便。"

徒弟："我是大便里的蛆虫。"

于是赵州禅师就问徒弟:“喂！你这个蛆虫,在大便里面做什么?”

文远禅师说了一句了不起的话,他说:“我在大便里面乘凉。”

大便里能乘凉,是“心净国土净”逍遥自在的境界。反观我们现在的人居住的环境是高楼,有着沙发、地毯、空调等等物质的享受,但是我们身心自在吗?多少心头上的挂念,那种种的是非、得失,令我们即使住在总统套房,仍一夜难以安眠。

菩萨的火焰化红莲,能处处自在,禅师的污浊地是清凉之邦,值得吾人深思。再多的金钱买不到心灵的自在,再高的权位买不到一夜的安眠！急急地寻找快速的解脱之道,倒不如在每一个因缘里欢欢喜喜地乘凉。

禅师的米粒

善因好缘须要播种。一句好话，一点善缘，多努力，多奉献，储蓄了好因缘，也就会有好果报。

求得好运是大多数人向往的。为求事事如意，很多人借助求神问卜、算命看相，或佩戴吉祥物、依风水、靠时辰等等，作为日常行事的准则与心灵的皈依。其实命运掌握在自己手中，是能够自己改造、自己作主的，只要我们深明因果法则，力行实践，自然善缘好运来。

住在深山里的云水禅师，偶尔会下山化一点道粮，维持生活。山下有一个大富人家，每天吃得山珍海味、珍馐佳肴，然而每当云水禅师登门化缘，却都吝啬不肯布施，甚至将禅师赶出去。化不到缘的云水禅师，看到大富人家水沟里流出剩饭米粒，就捡起来，除了自己食用外，吃不完的便晒干贮存，留作余粮。

有一年，一场大火把大富人家的房屋都烧尽了，偏偏遇上荒年又淹大水，村民百姓也是贫穷无依，饥寒交迫。一无所有的富翁只得四处乞讨维生，当他跑到深山寺庙乞讨时，恰巧遇到云水禅师。禅师看到他穷酸饥饿的样子，赶紧盛出一大碗香喷喷的饭菜给他吃。

富翁随即狼吞虎咽地吃了起来，并再三感谢。云水禅师笑说："不必谢我，这本来就是你的。"富翁不解："怎么会是我的呢?"云水禅师将事情前因后果说了一遍，富翁感到惭愧，当场痛哭流涕，并且立誓痛改前非，重新做人。

善因好缘须要播种，好比晴天要准备雨伞，白天要准备手电筒，平常要广结人缘，有钱时要储蓄，都是以备不时之需。这就是佛教提出的"因果律"：如是因，如是果；有预备"因"，才有可用的"果"，如同春天播种，秋天才能收成。像是一句好话，一点善缘，多努力，多奉献，多运动，多读书，多修持，储蓄了好因缘，也就会有好果报。

想要好运旺旺来吗？就从广结善缘开始吧。

商人渡河

把人生认真过好，但是更应该放得下、不执著，才是一个完整的人生。

有一个商人想要到邻近的村庄拓展生意，路途中，他遇上了一条河流。站在河边，商人思索着应该如何过河？东看西望、四下探看后，才发现附近有一棵倒塌的大树，商人立刻用随身携带的斧头，将大树砍凿成一个独木舟，渡过河去。

到达彼岸后，商人暗自想：不妨将独木舟留下，也许往后还用得着。于是费了好大的力气，将独木舟背在身上，继续赶路。可是独木舟实在太重了，压得他喘不过气、汗流浃背，步伐也愈走愈慢。由于不堪独木舟的重量，几度想要放弃，想到接下来或许又会碰到河流，还是舍不得丢弃。

商人驮着独木舟走了好长一段路，等到达目的地时，已近暗夜时分，重要的是，这一路上他再也没有碰到一条河流。

我们的一生，就像商人贪着独木舟，有很多的“放不下”：家产、名利、权势、感情、是非、情绪，乃至色身、观念见解、别人的脸色等等，苦苦执著，扰扰不安，一辈子为种种的“放不下”束缚、计较，疲于奔命，累得大汗淋漓。

曹雪芹在《红楼梦》有一偈：“世人都晓神仙好，惟有功名忘不了；古今将相在何方？荒冢一堆草没了。”赤裸裸地揭露世间种种虚妄，龙牙禅师也叹：“朝看花开满树红，暮看花落树还空。”多少祖师大德无不殷殷切切提醒世人，有情世间迁流不息，如果妄执贪着，只有徒增痛苦。《大乘起信论》明白指出：“当观一切世间，有为之法，无得久停，须臾变坏，一切心行，念念生灭，以是为苦。”

世间一切，值得我们努力经营，把人生认真过好，但是更应该放得下、不执著，才是一个完整的人生。

贪心的可怕

一旦想得开，看得破，人生才见灵动，生命才显豁达，这才是生命的意义。

幸福是什么？常常有人在追问与探求。有人认为有稳定的工作、美满的家庭，就是幸福；有人觉得拥有爱情、财富，才是幸福。也有人认为享有安定的生活、精彩的人生、丰富的学识、崇高的地位，才是抓住了幸福。

无论追求哪一种幸福，都是为了追求心灵的安定与满足。如何在追求的同时，不致被贪念束缚，才是究竟。

金碧峰禅师是位明心见性的禅宗巨人，当他澈见本来面目后，舍尽一切，却独独执著一只跟随自己多年的玉钵，无论谁都不许碰触。

金碧峰禅师修行功夫颇高，一旦入定，便能久久不出。到他世寿将尽时，阎罗王派遣小鬼夜叉前往捉拿。然而禅定中，金碧峰禅师无形、无相，使得小鬼四处找不着。小鬼百般无奈，只好向土地公求助。

土地公对小鬼说："金碧峰是一位有道高僧，一入定是不轻易出定的，除非将他最心爱的玉钵摇动，让他误以为有人要偷玉钵。一旦心急，他就会出定了！"小鬼依计行事，当禅师听到玉钵动声，心一乱，果真出定一窥究竟。小鬼一看到禅师，上前想拘禁他。刹时，金碧峰禅师惊觉："一念贪爱玉钵，不但不能于定中享受禅定的乐趣，还忙乱出定，险让小鬼逮捕。"他毅然将玉钵掼碎，重新入定，空中回响一偈："若人欲拿金碧峰，除非铁链锁虚空；虚空若能锁得住，再来拿我金碧峰。"

世间有情各有执著：有人对金钱放不下，做了金钱的奴役；有人对物质渴求，成为物质的囚徒；有人对情欲执著，整日为情爱捆绑；有人执著于虚幻的理想，迷茫度日，不知脚踏实地，珍惜当下因缘。人心的贪念、执著，是成就大事的绊脚石，突破贪嗔痴等无明烦恼的束缚，生死也就无所惧怕了。

幸福，操之在我。所谓"心量如同虚空界，思维多如恒河沙"。放下执著，心如沙界，世间名利富贵的葛藤，又如何能牵绊我们呢？

一旦想得开，看得破，人生才见灵动，生命才显豁达，这才是幸福的真义。

守尸鬼

与其想尽办法延续四大五蕴和合的生命，倒不如把握每一分钟，活得清清楚楚，明明白白。

中国神话传说的八仙之一吕洞宾，又名吕岩真人。唐朝末年，吕洞宾三次应试都没有中举，偶然在长安的小酒馆遇到钟离权，钟离权传授他延命法术，从此归隐山林，无人知晓他的行踪。

他曾游历庐山，在钟楼的墙壁上题诗说：

一日清闲自在身，六神和合报平安。
丹田有宝休寻道，对境无心莫问禅。

有一次，吕洞宾途经黄龙山上，看见山顶紫云成盖，知道此处有不凡之人，便前往拜访。当时，黄龙禅师正击鼓升堂，吕洞宾趁机混入人群闻法。黄龙禅师早就看见他，呵斥说：“此处有个偷法贼！”

吕洞宾毅然而出，问黄龙禅师说：“一粒米中藏世界，半升锅里煮山川。请说这是什么？”

黄龙禅师指着他说：“你这个守尸鬼！”

吕洞宾自鸣得意地说：“你怎奈何得了我的不死药。”

黄龙禅师直截道出：“就算你活千年万载，终落空亡。”

吕洞宾听了大惊，于是飞剑直刺黄龙禅师，但却刺不进去。吕洞宾见状，当下跪拜，请求指示。黄龙禅师说：“半升锅里煮山川我就不问了，什么是一粒米中藏世界？”

吕洞宾闻之大悟。于是做了一首偈子：

扔掉瓢囊摔碎琴，如今不恋汞中金。
自从一见黄龙后，始觉从前错用心。

吕洞宾扔掉装着不死药的瓢囊，了悟到千年万载守着肉身，错用心机，执著这个长生不死的色相，尽管活了亿万劫数，终不免堕落。

世间上，也有许多人同样执著自我身相、贪求“长生不死”：日日用心于美容、整形、妆扮、塑身，花去大半的生命与金钱，就担心不“体面”；日常一切行事，要算命卜卦看时辰，才可以动作，只恐自己受到伤害；终究会消逝的快乐和美好，都想“力挽狂澜”，就怕随之而来的空虚寂寞让自己不舒服等等，都是过于执相。

与其想尽办法延续四大五蕴和合的生命，倒不如把握每一分钟，活得清清楚楚，明明白白，才是真正弥天盖地，遍及沙界。

富翁与四位夫人

色身、财富、妻妾一样也带不走，只有善业、恶业始终跟随我们。

从前，有一位富翁年纪老迈，不久就要离开人世。他心想：万贯的家财带不走，不如找个人来陪我，这样黄泉路上也有个伴。

富翁有四个太太，最疼爱年轻貌美的四太太。他将她唤来："平常我最爱你，送你最多珍珠、钻戒，现在我不久于人世，你就陪我一起走吧。"四太太一听，花容失色地表示："生前爱我，我很感谢，但你死了就死了，我们夫妻一场，只是一段因缘，我可不想跟你一起走。"

于是富翁找来三太太，平时待她也不薄，不曾离弃过她。但三太太听完富翁的请求，惊慌不已："我还年轻，你死了，我可以改嫁，你就发发慈悲，找其他人吧！"富翁只得再找二太太。二太太说："我没有办法陪你一起死，家里大小的事都是我在打点，甚至你死了以后，我要替你张罗丧葬事宜。念在夫妻的情分上，我会亲自送你到坟场。”

富翁被三个太太一一回绝，心里很伤心，不得已去找大老婆。但富翁自知平日对她也没有半句关心，也从来没有买什么礼物送她，我这么冷落她，她可能不会答应。富翁实在害怕一个人孤零零地走，最后还是鼓起勇气，小声地问：“我不久于人世，你愿意陪我一起走吗?”不料大老婆即刻回答说：“夫妻本是同林鸟，嫁鸡随鸡，嫁狗随狗，你死了我当然跟你一起走。”

四个太太的故事，隐喻的是我们人的一生。最钟爱的四太太就是我们的身体，我们无时无刻不关心它的健康，让它穿金戴玉，打扮光鲜，但是人死了，身体是不能跟我们一起走的。三太太，就是我们积聚的财产，平时悉心保护它，害怕被别人占有，只可惜在我们面临死亡时，它也不会跟随我们。二太太，代表的是我们的亲戚朋友，偶尔往来，也给他们一些小惠，到了我们死的时候，他们也许来上个香，送我们一程，也就各自要忙着生计。而大老婆是什么？就是我们这颗心，平时最不关心它，但是直到生命的尽头，这颗心却与我们生死相随，只是我们陷入五欲贪爱中，随妄心恶念，四处飘摇流浪。

人常在得到全世界的财富时，仍找不到自己的真心，就像富翁活着时，糊里糊涂；死时，迷惑恐惧。色身、财富、妻妾一样也带不走，只有善业、恶业始终跟随我们。

不服输的故事

争强好胜的人，纵使失败当前仍是不肯服输。不服输的人除了得不到胜利，也会失去人格自尊。

争强好胜的人，纵使失败当前仍是不肯服输。憨山大师曾感叹："自古硬弩弦先断，从来钢刀口易伤。"不服输的人除了得不到胜利，也会失去人格自尊。

有一个人，与朋友弈棋三盘，连连败北，有人问："下棋的结果是输或赢？"他回答："第一盘棋我没有赢，第二盘棋对方没有输，第三盘棋我想中途求和，对方不肯和，一直下到最后。"明摆着三盘棋都输了，他却硬是不肯承认，要以迂回之语搪塞，逃避失败。

不肯服输的顽强心灵是不明理的，在真理面前不肯服输，在事实面前不肯服输，在善美面前不肯服输。这种人犯错不服输，于是漫天谎言口沫横飞，却是欲盖弥彰，终究为人耻笑；失败不服输，硬是撑起胖子脸，找理由涂抹自己的疏失不足，自欺又欺人；见人成就不服输，嫉妒毁谤样样来，既是失言又失面子。胜败乃兵家常事，人一生大小“战役”本来就有赢有输，何苦忙乱掩饰，让人留下“你真可耻”的印象。

自古不以成败论英雄，一生功绩除了赢得战役，更在以“输”为教训，认错、有风度，从失败中获得智慧经验、积极进取及东山再起的奋勇精神。

人性的贪着，就如强胶会将身心愈粘愈紧，动弹不得，必须舍去贪爱，才能从原地抽身。胜败输赢的分别心亦是，必得欢喜舍去，才能踏步迈向前，终究荣耀地登上人生的领奖台。

禅师与兰花

心中有欢喜的人，处处是赏心悦目的景色。

金代禅师很喜欢兰花，他种了许多名贵品种的兰花，细心呵护，视之如命。有一天他要外出，嘱咐徒弟们要好好照顾兰花。不料，有一次在浇水时，其中一个徒弟不小心绊倒了兰花架，刹时，如大珠小珠落地，瓦破花碎，一片狼藉。闯祸的徒弟，手足无措，不知如何是好！

金代禅师回来时，这个徒弟赶快跪在师父的面前忏悔："师父，我把您心爱的兰花摔得支离破碎，我愿意接受任何的处罚，请求师父慈悲，不要生气！"金代禅师听完徒弟的话，淡然地回答："我种兰花，一是为了供养佛祖，二是为了美化环境，我不是为了生气来种兰花的。"

我们来到世间，不是为生气而来，也不是为了烦恼来的。就像夫妻的因缘，儿女的教养，朋友的交往，同事的关系，能以金代禅师"我不是为了生气来种兰花"为鉴，彼此就没有误会和发生争执。

心中有欢喜的人，处处是赏心悦目的景色；心中有禅味的人，耳闻是八万四千的诗偈；心中有佛的人，见人见事都是善人共聚。

不是为了生气来到人间，这句话为我们赶走黑暗的情绪，开启心灵欢喜、无忧、安乐、和平的七彩宝盒。

僧鞋的故事

看破的人生，随缘自在。该得的，不刻意去找也自然主动登门拜访；不该得的，千留万留也留不住。

僧鞋大致有两种：一种是罗汉鞋，亦名草鞋，鞋子的周围有一个一个的洞，那是一种朝山的鞋子，僧人云游天涯海角，朝山千山万水需要走路，鞋子周围有洞能够透气。这种罗汉鞋已经有几千年的历史，早期的罗汉鞋是由草类编织起来的，世间上一切进化不息，本是名副其实的草鞋，渐渐地用麻织成，用布制作，现在已经进步为用皮制作了！

另外，还有一种黄僧鞋，它是由两片合起来，中间有一条杠，象征“看破”。出家人穿着僧鞋，低头一看，看到鞋子的两半，提醒修道人要看破。人生要学习看破，太完整、太完美的事物，不会长久；世事无常，没有永远不散的宴席，没有永远的聚会，必须懂得看破。世间一切无常事物，哪一件不该看破呢？

借钱给人，被人盗了，看不破怎么办？难道要还以颜色，还是自杀呢？只有学会“看破”。有时和朋友合作做事，对方讨了便宜，自己吃了亏，如果与对方计较，拳脚交加，告上法庭，不是自苦苦人，只有学会“看破”。能看破，人生才不蚀本。

看破的人生，随缘自在。该得的，不刻意去找也自然主动登门拜访；不该得的，千留万留也留不住。所以该来的让它来，该去的让它去，来来去去，去去来来，自然平常。想过逍遥洒脱的人生，必须学习僧鞋的“看破”。

出家好不好

凡事不能因一时的情绪、一时的冲动而轻率决定。

几年前，很多年轻的人在参加完中台山寺举办的夏令营后，甚至在没有告知父母的情况下便快速出家一事，引起社会各界人士的议论纷纭，各有各说。

依佛教的制度、戒律，我个人比较不赞成随便出家。出家，是何等神圣的事情！不能因一时的情绪、一时的冲动而轻率决定。想发心出家很好，但最好能经过一段时间的考核，让自己在寺庙里住上两年、三年，或者经过二三年的佛学的研究，寻察自己的性格、自己的思想，是否能和佛教僧团的生活配合？“出家乃大丈夫之事，非将相所能为也。”出家很好，但是出家是一种奉献，是一种服务社会，自省能忘记小我，去成全大我吗？

尤其，出家应该要跟父母家人协商，让父母同意，要皆大欢喜。不管成年、未成年，父母总是养育我们，无论做什么，最好获得他们的同意。佛教制度在有人出家的时候，也会问一句，“父母有允许你出家吗?”他要回答“允许”，我们才可以为他剃度。假如父母没有允许，最好多一番协调。

中台山的事件，等于过去男女青年，为了婚姻不自由表示:“我不要听父母之命，不要听媒妁之言!”或者:“这是我自己的幸福，我要自由恋爱……”为了争取婚姻自由，多少人殉情，多少人离家出走。因此，这个社会慢慢就有了一些思想观念上的革新。

出家，当然是信仰自由，现在的青年人为了争取信仰自由，也做出自己断然的决定。不过，出家也不是一朝三日的事，也等同终身大事，所以最好还是获得父母的同意，经过一段时间审慎考量。

在佛光山，有的人来了，有的人走了，来来去去，不强求。佛教的戒律里，也允许可以几次出家，这都不是很重要的事情。重要的是，无论父母也好，或是年轻子女也好，对于出家一事，彼此都要深思。

人可以有多少钱

一个人应该拥有多少钱？必须衡量自己的年龄、身份，要有所规划，并具备正确的认识。

有一年，佛光山召开世界杰出妇女会议。会议中，有一位妇女提出一个问题："一个人一生应该拥有多少钱？出家人有钱好，还是没钱好呢？"我的看法是，一个出家人在三十岁以前，储蓄应该不超过三万到五万元，因为没有钱，才会安心学道，即使遭遇挫折、困顿，因为没有钱，没有其他出路，只能忍耐，更加用功于修道上。一旦有了钱，便无法安忍于道上，稍遇逆境，就想何必在这里受苦，我可以买一个房子，自己修道去。

钱使人堕落，修道人更不可不防！

但是一个二十岁到三十岁的女人，应该懂得理财、储蓄。有了储蓄，便不会以金钱去衡量爱情，不会因为男方有钱、有房子、车子而托付终身。假使爱情、婚姻建立在金钱上，往后的婚姻生活就令人担忧了。一个女人到了六七十岁，就要和出家人一样，钱愈少愈好，因为钱太多反而容易引起儿孙的贪念，为了争夺遗产，兄弟阋墙，家破人散，酿成人间悲剧，就得不偿失了。

我的母亲九十多岁的时候，徒众为了表示对她的尊敬和孝心，不是送她金戒指，就是金手镯。一个老太太身上有这些饰品，恐将引起他人的恶念，安危让人挂念。我认为，适当的敬爱很重要，不当不智的孝敬，非但不是爱她，反而陷她于危境。

一个人应该拥有多少钱？必须衡量自己的年龄、身份，什么时候应该拥有多少钱，要有所规划，并具备正确的认知。最主要的还是安全及适度地拥有，才是理想。

单纯就是快乐

让单纯的快乐刮垢磨光，光照现代这个让我们“无从选择”的人生。

人，诞生到世间上来，不是为烦恼而来，不是为苦闷而来，不是为和人斗争而来。人生，是为了快乐而来。

佛教谈“苦”，是站在脱苦得乐的角度来谈，不只从消极面认识“苦”进而削痛刮苦，也从积极面倡导快乐。我出家后，即使接受丛林严苛的锤炼，专制的教育，却仍然快乐。后来到台湾，面临生活的艰难困苦，挂单无寺，三餐不继，我还是感到快乐，不觉人生苦痛难熬。可以说，我这一生都过得很快乐，但是近几年来，慢慢发觉自己不再像过去那样容易快乐满足。是我的修行退步吗？为什么以前是快乐的人生，现在忽而不乐了？

因为过去的报纸，每份只有两张半，一个小时之内，就可以把所有的报纸看完，当下真是快乐满足。如今各大报都设有很多的版面，如影剧版、体育版，看得眼花缭乱，不明所以，一份报纸都看不完了，更别说第二份报、第三份报。张数增加，内容复杂，阅报已是心有余而力不足，以往的快乐满足便不复存在了。

过去的电视节目，早期是台视，接着“华视”、“中视”陆续成立，台视不看可以转“华视”，换“中视”，节目深具知识性、趣味性，新闻报道公平公正、有独到的见解看法，看电视可以窥尽天下，吸收信息，让人好不快乐满足。现在除了三家电视台，还有第四台，然而频道换一到九，转九到一，几十个频道的选择，却都教人意兴阑珊、乏味无聊。电视节目泛滥到无从选择，感觉很痛苦。

过去的出版业，出书少、品质高，只要有新书出版便立即订购，捧读在手，畅游书海，真是不亦乐乎。如今，出书如流水，让人望之愁叹，实在看不了，当然无法快乐。

因此，我觉得生活单纯就是快乐。身处在复杂的现代生活，“单纯”却成为稀有难得的宝藏，得靠有心人自己开采、提炼，让单纯的快乐刮垢磨光，光照现代这个让我们“无从选择”的人生。

宁当功德主

用一个平常心、平等心、慈悲心，随遇而安，随缘生活，必定快乐无比。

曾经，桃园邮局有一位职员许两旺先生，在众人怂恿下决定参选“立法委员”，却在万事俱备后，突然决定退选。

当时，我到佛光山位于桃园的别分院“桃园讲堂”，他也准备了十万元到讲堂来，打算捐给佛光山。我问：“为什么呢?”他说：“听说捐十万元，在佛光山就是功德主了。选‘立法委员’需要几千万，还未必当选，然而捐十万元就一定能当上功德主，因此我宁当功德主，也不要做‘立法委员’。”对他这种想法，我称赞他：“你倒有这等看破与洒脱，能把功名富贵放下!”

当上“功德主”的他，时时刻刻无不是笑容满面、乐善好施。我想，倘若他去竞选“立法委员”，就算当选也不见得快乐，这样的笑容也未必能常常见到。一个人的精神力与生命力，有时来自为大众服务，若将心思放在一争胜负上，往往失却人生的价值。佛经中有所谓“胜者增怨”，一旦胜利了，怨恨便随之而来；一旦输了，烦恼也如影随形。唯有不争胜负，不计较胜负，才能心宽自在、永远平安。

许两旺先生的笑容与欢喜，不是因为当上功德主对他有什么利益，重点在于他不争胜负，拥有一颗和平的心、安稳的心，能本本分分做好一个公务员，这便是一种美德。

因此奉劝大家，人和人相处不要太计较、太比较，也不要与人争胜比负，那只会让自己徒增烦恼，始终为权利、地位、输赢所牵绊和捆绑。无论身处何地，扮演任何角色，都不争胜负，只用一个平常心、平等心、慈悲心，随遇而安，随缘生活，必定快乐无比。

感人的故事

不要担心世界上的人不给我们赞美、掌声，只要肯耕耘，功到自然成。

“大陆寻奇”节目制作人周志敏小姐，是国际佛光会会员，一心一意希望将佛光普照至世界各地；她发心透过大众传播为广大的观众服务，除了拍摄社会上慈悲爱心等光明面的报道，更远赴大陆拍摄锦绣河山的故事。她一心想要探讨黄河的源头从哪里来、长江的发源地究竟在哪里，甚至于金沙江的水从哪里来的。

她秉持着这个志愿，千辛万苦冒着生命危险到了金沙江、长江、黄河的源头。据说从来没有人安全抵达过，过去日本探险队到那里的死伤情形都还是有案可查的。现在周志敏小姐终于如愿抵达，更将国际佛光会会旗插上，任其随风飘扬。

她照了一张照片送给我，我看了好感动，因为这一张照片是她冒着生死、抱着宏大的慈心悲愿去拍摄的一个镜头。后来，我在澳洲的国际佛光会第四次世界会员大会上，特地拿出来，供会员大众观赏，获得不绝于耳的如雷掌声。在场的周志敏小姐很感动，她说："我虽然冒着生命危险拍摄了这一张照片，但是在掌声中我得到了更多的鼓励，更大的信心，更多的力量。"

每一个人都需要赞美、掌声、鼓舞，但是，能不能都拥有周志敏小姐为大事勇猛无畏的力量，为净化社会人心的慈心悲愿呢？

不要担心世界上的人不给我们赞美、掌声，只要肯耕耘，功到自然成；只要具备奉献、牺牲的精神，不自私，为大众争取权益，必定也能像周志敏小姐一样，让全世界的人都赞美你，为你鼓掌，给你鼓励。

给人欢喜

我们想要别人怎么样待我们，自己先要怎么样待人。

创建佛光山后，渐渐地徒众慢慢积聚，大众所应共同遵守的宗旨、目标也渐趋必要。其中，我订定一个佛光人的工作信条：给人信心，给人欢喜，给人希望，给人方便。佛光人散播世界各地，他们奉行这四个信条，也确实自利利人，获得不少好评。

在香港，佛光山有一个分院“佛香讲堂”，平时信徒都是利用周末假期到寺院里礼佛，参与活动。如此一来，平常法师要做什么呢？除了用功修持以外，他们想到可以访问养老院，给他们欢喜；到孤儿院，为人服务。

有一天，住持法师就带了几个住众，到养老院为老人家服务，充实老人的精神生活。当活动结束，准备要离开的时候，有一个老人匆匆赶来，拿了一包东西，朝一个法师的手里一放，并且说：“这个给你带回去给佛祖用。”没想到，打开来一看，竟是黄金、首饰。面对惊讶的法师，老人家淡淡地说：“我在这里多少年来，没有遇到一个法师来看望过；今天终于遇到了，我就当作是佛祖降临。因此，我把自己所有的积蓄都布施出来。”

法师们只觉惭愧，原来是要给人欢喜、信心、希望的，到最后竟是对方给我们欢喜，给我们信心，给我们希望，给我们方便。其实，我们想要别人怎么样待我们，自己先要怎么样待人；倘若只问耕耘不问收获，收获自然会有的。

替佛像开光

“开光”最主要的意义在于为自己开心光，自己心光一开，佛光自然通身遍照。

近年来佛教徒人口增加，常有信徒家里供奉的佛像需要法师开光，或是新寺院落成，也会进行佛像开光典礼。佛需要我们为他开光吗？其实，“开光”最主要的意义在于为自己开心光，自己心光一开，佛光自然通身遍照。有一个寺院，请到慧空老和尚主持佛像开光典礼。慧空老和尚抵达寺院后，知客师准备为老和尚挂单：“老师父，寺里已准备好静房，我带您过去。”老和尚却说：“不，我是来替佛像开光的，佛要跟我为伴，我也要和佛为伴。我就睡在佛像边上好了！”知客师无可奈何，只得任由老和尚去“与佛为伴”。

隔天，寺院云集了成千成百参加开光典礼的信众，只见老和尚将佛像身上的瓔珞、宝珠一件件拆下来送给信徒。寺院的住持不以为然地说:“老法师！我们请你来为佛像开光,你怎么把佛像身上的宝珠、璎珞拆下来送人呢?”

老和尚神态自若地说:“我这不就是在为佛像开光吗?”“开光,就是让佛光普照。把佛像身上的所有东西分一点给信徒,不也皆大欢喜？当初佛陀割肉喂鹰,更毫不犹豫地舍身饲虎。我把佛像的璎珞、宝珠送给信徒,又有什么不可以?”

慧空老和尚将佛的慈悲广被众生,将佛的光明普照众生,把佛心佛德散播给世间有情,行佛之所行,才称得上为佛像开光!

野鹤无粮天地宽

人生，是清闲？是清苦？是富裕？是贫穷？不在于有形物质的多寡足缺，但看精神世界的优劣富贫。

屏东有一位钟富美小姐，是台北一家公司的总经理。在工作上，她叱咤风云、得权重任，大家都称她女强人，三十多岁仍然未婚。有一次她到佛光山参加短期出家，也许是总经理的生活忙碌繁杂，想借此体验一下宁静的生活。

经过两个星期的体验后，她整个人生观都改变了。过去她认为自己与佛无缘，但自从参加短期出家后，她毅然辞去工作，回到屏东农村，从此身住茅屋，过着淡泊清苦的生活，就如同陶渊明一样"采菊东篱下，悠然见南山"。有人问她，过去在台北是何等富贵荣华，为何现在却甘于回到农村，过着清苦淡泊的生活？钟小姐笑着回答："笼鸡有食镬汤近，野鹤无粮天地宽。"

是的，鸡子虽然过着饭来张口、无忧无虑的生活，但是一朝肉肥身壮，炖鸡、煨鸡、煮鸡，离锅铲也不远了。野鹤虽然没人喂养它，但有宽广的天地任它遨游，多么逍遥自在。钟小姐过去在台北虽然生活富裕、衣食无缺，那毕竟还是有限的人生，生命只局限在小框框里，就像“笼鸡有食镬汤近”；回到屏东乡下，看似失去一切，其实不然，她种菜蔬食、知足常乐，一如“野鹤无粮天地宽”，是何等任运逍遥、自在放旷。

人生，是清闲？是清苦？是富裕？是贫穷？不在于有形物质的多寡足缺，但看精神世界的优劣富贫。汲汲营营于生活的我们，是要做“无忧”的笼鸡，还是“无粮”的野鹤呢？

割草找球

做事应力求自他两利，多替别人设想，才能皆大欢喜。

时下许多青少年热衷于打棒球，在校园的操场、公园等地，常常能够看到他们的身影。有些寺庙左右或前方会有个大广场，有时也成为小孩休闲玩乐的地方。

有一群小孩子在寺院外头打棒球，由于打击手用力过猛，把球打到寺庙的后院中。为了找球，他们不惜翻墙寻找。未料，这后院杂草丛生，根本看不到球落在什么地方。这群孩子不甘心平白损失一颗球，于是大家伙儿一齐拔草找球，终于在杂草将要拔尽时，球也找到了。

正当大家在呼叫欢庆时，知客师恰巧经过，见到杂草在转眼间全部清除，满心欢喜地对他们说："各位小朋友，感谢你们今天的发心，最近实在没有时间拔草，哪里知道才一会儿的时间，你们就帮我把后院的杂草都拔完了。来！到我们寺院里面来，请你们喝杯茶、吃点糖果吧！”大家一听，更是欢喜了。

这则故事提醒我们，做事应力求自他两利，多替别人设想，才能皆大欢喜。如果只是顾虑自己的立场，没有照顾到他人的感受，就将造成对方的困扰和不悦，人际之间的摩擦、误会也由此产生。

佛教里讲自度度人、自觉觉人、自利利他。这世间并非属于一个人所拥有，而是共生共存的世界，因此，任何事情都要共有共荣的观念，甚至宁可自己吃亏，也要让别人多得到一点利益和欢喜。每个人学习《大般涅槃经》谈到的菩萨慈心慈行：“菩萨摩诃萨，行布施时，于诸众生，慈心平等，犹如子想。”这个世界必定非常美丽的。

化冬

“化缘化心”，广结善缘，给一份欢喜，将人心导入正道，才是化缘的真正意义。

在大陆丛林里，每当春节将至，寺院僧众便开始拜访信徒，挨家挨户地把吉祥门铃及平安符送到信徒家中，信徒回以一碗米，称为“化冬”，也就是“化缘”。

记得在丛林参学时期，家师常嘱咐我代表常住出去“化冬”，为方圆几百里的信徒发送对联，讲一些吉祥的好话，或者给信徒一点佛法。当他们高兴地将米粮放在我的担子里时，我深深体会到：化缘，不一定是化钱。化缘要化对方的心，要能够感动对方，不是强迫别人做不乐之捐，而是化得一份欢喜，一个善缘。化缘，这个“缘”字很美。人生存在这个世界上，靠的就是一个缘，宇宙万有的存在，也是靠一个缘。例如我们所住的房子，如果没有木材、水泥、砖瓦这种种因缘条件的结合，如何能有房子的产生？人，如果没有皮肉、骨头、毛发、五脏六腑等器官组织，就不能成人。在世间生存，要读报纸，要看电视，更要士、农、工、商供应日常生活所需。所以，佛教相当强调结缘的重要。

由此可知，化缘是一种欢喜的、平等的、互动的，别人给我，我也给人的缘纷。所以，信徒以钱财与法师结缘，法师以佛法跟信徒结缘，财法二施要平等，不可以有来无去，或者有去无来。

从化缘当中与人结缘，与人交心、交流，是一件极其神圣、善美的事。可惜的是，现在却遭到许多人误解、滥用，使得这项在佛教中流传千年的善美制度，频生弊端，只是一味向信徒劝募，或者沿街乞讨，忽略了信徒内心的需要、感受与经济的状况。“化缘化心”，广结善缘，给一份欢喜，将人心导入正道，才是化缘的真正意义。

人间佛教的奉行者

每一个对大众有贡献的人，都值得赞扬、值得报答。

孙张清扬女士是孙立人将军的夫人，过去我在栖霞山时，经常见到她前来礼佛闻法，但是并没有和她讲过一句话。

1949 年，我初来台湾的时候，因为谣传大陆来了六百位“奸细”佯装成出家人，引起当局进行大肆搜捕的工作，慈航法师与我等多位僧尼都在那时身陷囹圄。孙张清扬女士等人知道后，到处奔波说项，才将我们从牢狱中营救出来。

三十岁那年，我接办《觉世旬刊》，生日当天，蒙孙张清扬女士厚爱，为我准备素席庆祝，并以全套金盘金碗热忱款待。席中，她表示愿意出资供我留学深造，但我志在弘法利生，因此婉拒了她的好意。

在当年贫穷落魄的时候，她的隆情厚谊固然让我铭感于心，但是最让我感动的，还是她为佛教所作的一切贡献。来台之初，她不但戮力于抢救三宝的工作，并且慷慨出资，助兴善导寺；变卖首饰，从日本引进《大藏经》；设立益华书局，大量出版佛书；后来，她不辞辛劳，行走各地，讲经度众，对于正信佛教的弘扬，功不可没。当年台湾政界的高级人士曾要求她改信耶教，但她不假辞色地予以拒绝，并且从实际行动中表露她对佛教的坚定信仰。

在一篇文章中，她曾提及一段因缘：一年，她生了一场病，面斜嘴歪，失去了往日的美貌，这让她一度想要自杀。几经挣扎后渐渐转念，她开始每日勤加礼拜观世音菩萨，终使病情转好。从此她发愿学习观世音菩萨慈悲救世的精神，对佛教的教育、文化、慈善事业，更是尽心投入，默默付出，不问名利。

台湾佛教今日蓬勃发展，孙夫人的劳苦功高，是大家有目共睹的。然而自从她因孙立人将军事件隐居以后，人情的浇薄实在令人唏嘘不已，年老之后，更是无人问候。我有感于她一生护法卫教，功不可没，因此经常去探望她。临终前，她将永和的自家住宅托付给我，言明作为佛教文化之用。往生之后，我虽知她有儿有女，但还是自愿为她付丧葬费用，并且将她的灵骨送往佛光山安厝在万寿园内。更将她的故宅改建，作为佛教文化的重镇，以纪念她一生推行“人间佛教”的贡献。因为，每一个对大众、对宗教有贡献的人，都值得赞扬，值得报答。

我所有的一切都是大众的

怀抱广结善缘的心念，乐于与大众结缘，人生更能因此宽阔、有意义。

萧碧霞师姑随我学佛已几十年。从小就笃信佛教的她，年少时，在电信局服务，平时努力工作，发心奉献，因此做到电信局的稽查。她很会理财，像是天生赋予的本能，当同事将领来的薪资都用在衣服、化妆品时，她却选择买房地产，只要是她买的地方，房价必定是水涨船高，让她获益不少。

后来，她放弃世俗的工作，毅然投身佛门，几十年的岁月，默默地服务大众。对于年轻时的积蓄，她毫不留恋地布施于人，只要听到某某人需要、某某地方要建寺、哪里要赈灾，便二话不说，立时布施。身旁的人总劝她，留点积蓄为自己的将来打算，她笑答："我所有的一切都是大众的。"

“我所有的一切都是大众的”，含有一股浓厚的佛教思想，这是萧碧霞师姑在信仰中得到的体悟，一种“十方来十方去”无执、喜舍的精神。

我们平时是否思忖“我所有的一切都是大众的”呢？你看，食衣住行需要农牧百业，不会与世隔绝需要信息服务，知识的开发需要有老师教导……举凡日用所需，都要仰赖社会大众的成就。生存世间是无法离群索居、独自过活的。同样我的一切所需都是众缘的成就。

能时时如是思量、如是感恩，必定会怀抱广结善缘的心念，乐于与大众结缘，人生更能因此宽阔、有意义。

牧师皈依

来也好，去也好，就是一个平常心吧！

曼德琳·惠勒女士原本是一名基督教的牧师，十年前，她看过一本有关佛教的书籍以后，心里产生很大的震撼。当时她虽然被派往主持一间教堂，却开始在家里偷偷地研究佛典，并且学习打坐，后来干脆在西来大学选修佛学课程，并且时常到西来寺礼佛参禅。她的丈夫高登博士也是一位牧师，起先对于太太的行径并不苟同，但是在读完几本佛教书籍以后，也深深地被佛法的圆融和谐所吸引。此后，两人开始讨论教义，并且以辩论的方式，探究耶教与佛教之间的异同，经常一谈就是几个小时，甚至长达一天之久。渐渐地，他们发觉心内的菩提种子已经茁壮成长，生活中不可一日缺少佛法。

有一回，曼德琳在朋友的聚会中，遇到尴尬的争执，现场弥漫着剑拔弩张的气氛，当大家不知道如何是好时，她一面默念观世音菩萨圣号，一面为双方排难解纷，居然化干戈为玉帛，在场者无不钦佩她的定力与智慧。经过多次的体验以后，高登夫妇深信只要能将佛法运用在生活上，再大的困难都可以迎刃而解。

夫妇两人心向佛教的事情终于被基督教会知道了，连番的打压接踵而来，尽管如此，因为有佛法作为慈航，他们不仅没有丝毫畏惧，对于佛法的信心反而与日俱增。

有一天，年仅九岁的女儿爱苾喃喃地说道："我觉得我们只有皈投在佛陀的座下才会快乐。"这句话触及高登博士的心灵深处，于是下定决心，在一九九五年一月十五日，与妻女一起参加西来寺的皈依典礼，此举引起当地新闻界的震惊，当记者采访时，他肯定地表示：佛法十分圆融，研究佛教不但与基督教没有冲突，而且使我们更能深切地了解基督教。

但是这项声明并没有引起基督教的认同，教会不但撤销他们的职位，而且收回他们的房子，刹那间，他们的经济成了问题。西来寺知道以后，立即伸出援手，安顿他们的生活，让他们感激不已。

七月中旬，在国际佛光会世界总会的安排下，他们一家三口来到佛光山接受“檀讲师”训练。当高登博士踏上佛光山的土地时，一种子女回归母亲怀抱的感觉油然而生，他不禁流下感动的眼泪。在佛光山住持主管会议中，他们三人相继发言，发愿要将佛法弘扬到全世界，让众生都能得到法雨的润泽。

他为了信仰放弃了过去，而追求自己认为值得的信仰人生，这么一个有程度、有学问、有个性、又择善固执的人，今后必定能在传播宗教上，发挥所长。

因为他，让我想到，在这条佛法的路上，很多的徒弟离我而去，也有很多的人又到我的身边，我想这个人间真是奇妙，来来去去，去去来来。不过，来也好，去也好，就是一个平常心吧！

无私的爱

爱大众、为大众服务，让人活得更有意义，人生更是精彩。

心怀喜舍心，常行布施，能够让人拥有充沛的活力，感受人生处处都美，时时希望无限。《大毗婆沙论》提到："施无贪欲者，获胜果无疑。"《增一阿含经》也说："随时念惠施，受福如响应，永已无短乏，所生常富贵。"一个人要有为人服务的喜舍心，日日月月，岁岁年年，坚持不退，只要有信心，本着无私的奉献精神，假以时日，山前一片功德田，必定稻穗飘香，金黄闪耀。

记得佛光山开山之初，设立了一个小小的服务处"果乐斋"，专门供应来山信徒、游客面食之用。有个小女孩从那时候开始便发心卖面，赞助大慈育幼院的经费。顾客少的时候，她高高兴兴地整理杂货，顾客多的时候，尤其每年春节平安灯法会期间，她依然不疾不徐地为盈门的宾客做最佳的服务，即使从清晨忙到晚上十一二点，还是满脸知足常乐的样子。

三十多年来，她由满头黑发做到银丝满布，仍然热心为人服务，没有埋怨，也不嫌苦、不骄傲，更不会对人失礼，默默地为人服务，无私地对待大众。

她，就是郭道光师姑，在佛光山奉献了三十几年，无时不在播散人性的光辉、人性的爱，无私无己，如实奉行人间菩萨道。因为敬重她为佛教牺牲奉献的精神，回馈她的发心，佛光山在大慈庵特地准备一个设备齐全的房间，并给她一个功德主的名义，作为嘉奖。

她常说："女孩子何必一定要嫁人？何必只爱一个人？要爱就要爱一切众生。"确实，爱大众、为大众服务，让人活得更有意义，人生更是精彩。

买鞋加价

能欢喜舍弃当下的小利益，才能坐收未来。

1964年的夏天，叶鹏胜的父亲背了一袋僧鞋，顶着烈日，汗流浃背，来到寿山寺兜售。我当时为了筹措办学经费，经济十分困难，但是想到当年出家人很少，僧鞋的生意一定不好，于是上前问他价钱，他说："一双三十元。"我掏出四十元向他购买一双，他抬起头来，奇怪地望着我："别人都要求我打折扣，为什么你不还价，反而还要加价？"

我说："贩卖僧鞋很困难，如果你不做生意，我们就很难买到僧鞋。如果你能多赚一点利润，拿这些钱来改善品质，大量生产，可以便利我们购买。所以，我这样做，不只是为了帮忙你，更是在帮我自己，你安心收下吧！"

"我从来没听过世间上还有这种道理的！"他摸着后

脑勺。

我进一步解释："三十元一双僧鞋不能赚什么钱，不但品质不能提高，反而因为不赚钱，索性结束经营，那时我就没僧鞋可穿；四十元一双，让你多赚一点，有资金提高品质，买的人就愈多，生意就会愈做愈多，那么我就有僧鞋穿了。所以才说我不是帮忙你，而是为了帮我自己。"卖僧鞋的小贩才恍然大悟。后来，他更将自己的儿子叶鹏胜送来就读沙弥学园。

凡事懂得"放长线钓大鱼"，不求近处利益，将眼光放得远放得开，当下的美好不错失，未来更是希望无限。因为能欢喜舍弃当下的小利益，才能坐收未来。

买鞋小贩不知我以"十元"投资未来，欲求佛教的事业能扩大于无限，出家人购置僧鞋也方便，反而双方皆获利，皆大欢喜也！

图书馆

贫者因书而富，富者因书而贵。

英国格拉斯哥市的一家书店门口总放着一箱旧书，有一个靠奖学金过活的穷学生，在箱内看到一本学校指定要看的书，就每天花些时间读一章。后来他赚够了那本书的钱，没想到那本书已不在纸箱里了。

他走到柜台询问，只见老板伸手从身后书架上取下那本书，把它递给穷学生："有位先生想买这本书，可是我知道你还没有看完。"

对学生来说，书是他的生命。书店的老板给这位穷学生一点因缘，也等于给了他一个思想，一个知识，一个大千世界。

四十几年前，我初到台湾，一无所有，食用都有困难，买书更是奢望。后来，念经、法会有了一些钱，就全数拿来买书。

同学们看到我将钱花在买书上，便问我："你钱不拿来买穿的、吃的，干嘛老是买书呢？"

我义正词严地说："我将来要办图书馆！"

他们听我这么说，哈哈大笑："你真做梦，还想办图书馆呐？"

我没理会他们的嘲讽，依旧有了钱，就拿来买书。就这样买了几十年，从中文的书籍，到日文、英文、俄文、西班文、法文；从佛教书籍，到哲学、文学、历史、传记。到现在，不但自己阅读了许多书，也创建了二十六个图书馆。

王安石说："贫者因书而富，富者因书而贵。"一个学校的生命，就在图书馆，一个人的生命，就在阅读。所以我宁愿将自己的收入用来买书，以供大众畅游于图书法海中，让每个人都能因书而富贵，透过书去看看世界，读读古今，在书中，振翅高飞。

台中五戒会

帮助别人，也是在帮助自己。

有一年，我到佛光山东海道场传授三皈五戒。三皈五戒，在佛教是一种宣誓，即表示“我做佛教徒了！”“我从此愿意奉守五戒！”这都是做人的根本。“五戒”相当于儒家的“五常”，所谓不杀生曰仁、不偷盗曰义、不邪淫曰礼、不妄语曰信、不饮酒曰智。

这一次的戒会约一千五百人参与，大多是年轻人，衣冠整齐，极有气质，在他们身上感受到台中这个文化城市的水准。进步的都市，市民在经济、学业、事业等方面，都有一定的水平。

东海道场楼下有一个停车场，多年前是一条废水沟，蚊虫滋生，环境肮脏。我觉得很可惜，因此向当局提出建议，将这里整顿起来，作为大型停车场，便于大家停车，又能美化市容，减少交通阻塞。也因为如此，信徒的素质跟着提升了。

所谓“我为人人，人人为我”，帮助别人，也是在帮助自己。平时心中除了自己，还有父母、兄弟、姊妹、同学、朋友、同胞，及一切众生，凡事为他人着想，凡事以大众为优先，做到“爱人如爱己，率己以随人”、“一切为天下，建立大慈意”，心怀慈悲，喜舍为人，即能如《法句经》所言：“履仁行慈，博爱济众，有十一誉，福常随身。”乐于为众的同时，我们的心将随之愈益庄严、愈加善美。

民富国强

懂得自他无别，自能图利他人，进而能推动社会祥和的风气。

鲁哀公是春秋时代鲁国君王。一年适逢饥荒，社会动荡不安，民不聊生。鲁哀公问群臣是否有解决的方案，大臣们都认为，增加税赋才能使国库免于亏空的噩运。尽管如此，饥荒的问题还是无法改善。

哀公为此甚为忧心，他问孔子的弟子有若："年岁饥荒，国用不足，你有什么办法呢？"

有若回答："国家贫穷，理当减税。"

"怎么可以，倘若减税，国家岂不是更没有收入了吗？"哀公不以为然地频频摇手。

"减轻赋税，节省用途，使人民富足，还愁国库亏空吗？倘若人民穷困潦倒，又何来富足可言！"有若从容回答。

鲁哀公认为有若言之有理，随即采用他的建议，果然达到功效，不但稳定民心，也解决国库亏空的窘境。

儒家治理国家的经济思想，是税收合理，不加重人民的负担，更是量入为出，收到多少税，就支出多少，而不致造成财务亏空的窘困。反观现今社会，一味地增税，却从未顾及人民的力量有多少，是否有能力负担。苛捐杂税是落伍的经济政策，把利益、好处分享人民，始能民富国强。

纵观中国各家，儒家提倡舍己为人，墨家提倡兼爱非攻，道家提倡无私寡欲，佛教更提出“无缘大慈，同体大悲”的精神，图利他人。所谓“人我一如，自他不二”，懂得自他无别，自能图利他人，进而能推动社会祥和的风气。此外，在图利他人的同时，也能积聚自身向上、向善的因缘。

公孙仪不受鱼

不受馈赠的背后，是一种舍弃贪爱的修养，与护念他人不起爱憎的真心。

春秋时期，鲁国宰相公孙仪，喜爱吃鱼到了如痴如醉的地步。这项嗜好已是众所皆知的事情，大家为了要讨他欢心，赢得赏识，无不争相买鱼馈赠，公孙仪毫不领情，一概不予接受。

弟子感到疑惑，问道："你那么喜爱吃鱼，为什么大家送来的鱼，都不肯接受呢？"

公孙仪笑说："就因为我爱吃鱼，才不能随便收众人送来的鱼。吃人口软，拿人手短，倘若收下了，人家有求于我时，难免会徇私枉法，一旦徇私，有朝一日必将被罢去宰相一职。唯有廉洁奉公，不受贿赂，就不会有被免去职务之险，还怕不能天天吃到鱼吗？"

嗜鱼却不受鱼，公孙仪不为贪欲役使，严持道德操守。他明白，唯有不白吃别人的鱼，才能安稳地自己买鱼吃，这样的觉醒也是菩萨喜舍的精神。提到喜舍心，《大智度论》阐释：“修喜心，为除不悦乐故；修舍心，为除众生中爱憎故。”不受馈赠的背后，是一种舍弃贪爱的修养，与护念他人不起爱憎的真心。

当今社会，有许多人为贪图小利，妄取不义之财，铤而走险，做出非法的勾当。收受贿赂、勒赎抢夺等不义之财，即便拥有一时，也无法用得心安，用得坦然无畏，反而有损己德。

“君子爱财，取之有道。”一个懂得爱惜自己名誉，护念他人无爱憎心的人，对于非己之物，不但不会妄加贪求，更不会以强取豪夺，而是以诚实、合法的方式来获取。因为他们明白，不能舍弃贪爱，即使享有须臾资财，却丧失一世的德行与亘古无染的真心。

于理而已

不懂得深观因缘本末来去，就只会被世法捆绑，落入矛盾与执取，让自己动弹不得。

曾经，孟子的弟子陈臻不明白老师面对馈赠时因人而异的行为，而问道："前天，齐王派遣的使者送来一百两上等金，老师不接受，却接受宋国馈赠的七十钱、薛君馈赠的五十钱。如果前天老师不受馈赠是对的，那么今日接受馈赠便是错的；如果今天接受是正确的，那前天不接受就是错误的。"

孟子回答说："前天与今日的决定，都是对的。在宋国时，我将要远行，对一个准备远行的人赠送财物是理所应当的，我又为什么不接受呢？在薛地，听说途中须要戒备，薛君赠送五十钱买兵器防备，我有什么理由不接受？而对于齐国平白无故的馈赠，所谓'无处而馈之'，等于是在收买、贿赂我，我哪有接受贿赂的道理？"

“言君子之辞受取予，惟当于理而已。”接受与不接受，没有绝对的答案，但看其中的因缘道理。智者行事，深明“有所为，有所不为”，人生诸多道理并不是数学公式一加一必定得二。智藏禅师说“有”，径山禅师说“无”，没有谁对谁错，就像佛陀说“有”、说“空”，是因人、因万法而有不同，不懂得深观因缘本末来去，就只会被世法捆绑，落入矛盾与执取，让自己动弹不得罢了。

人生万事应当灵活思考，如果像陈臻一样，只在事相上琢磨，那就会在是非善恶、该与不该的分别中走进迷宫，终究晕头转向。不如学习孟子讲道理、不看事相，自能在复杂的人生万事中，维护住自己的人格，又进退得宜。

弃麦的教育

权衡轻重之际，不仅要就现实考量，更要有高瞻远瞩的见识，才能作出正确的抉择。

宓子贱治理亶父县时，有一年，齐国要进兵攻打鲁国，将路过亶父。父老听到这个消息，就跑去见宓子贱，建议："现在麦子已经成熟了，而齐国大军又将路过这里，恐怕那些麦子会被抢去当军粮。可不可以让县里的民众自由出城，把沿城周围的麦子抢收回家，这样不仅能增加百姓的存粮，也不会变相地资助齐军。"对于父老的再三请求，宓子贱都不答应。不久后，齐军过境，果然大肆收割，这些麦子成了齐军最大的补给品。

鲁国的重臣季孙知道这件事后，勃然大怒，责备宓子贱，说："可怜呀，可怜！亶父的百姓真是可怜！他们不畏风寒地耕种，不惧溽暑地除草施肥，就希望庄稼能有所收获。想不到，辛勤的工作竟然得不到粮食。如果事先不知道齐军即将过境，那也就罢了；但是，不但事先知道，父老也提出请求，居然听任麦子白白被抢。”

宓子贱听了责备的话，气得跺脚，说：“麦子今年没收成，明年再种就可以收成；可是让那些不耕种的人，任意割麦，就无异让那些人盼望常有兵患强寇，制造凭空收获的机会。况且，一年的麦子收成量，不会让国力明显增强，丢掉了，也不会削弱国力；但是，若让百姓以为天下可以有不劳而获的便宜事，这种观念所造成的影响，可能花费好几年的功夫去教育，也无法矫正过来。”

物质与精神孰重？《须赖经》说：“财业虽丰广，而不知充饱。大海尚可满，是贫终不足。”一个人虽仅得温饱，却能知足，谁能说他贫？虽有万贯家财，却不知足，岂是富者？从佛经的角度看，富与贫不在物质的丰盈与否。

城外几百亩成熟的麦田，与城中可能受到扭曲的心灵，孰轻？孰重？显然，在宓子贱的眼里，那些沉甸甸、黄澄澄的麦子，远不如城中百姓那无形、无重量的心灵来得重。

有智慧的领导者，都应该知道“错误的政策，比贪污

把所拥有的欢喜助人，
才是最圆满的人生。

懂得自他无别，
自能图利他人，
进而能推动社会祥和的风气，
也能积聚自身向上、
向善的因缘。

人生当中，
满足、欢喜、结缘、平安、
健康、智慧等，
才是真正的财富。

「给」是世界上最美好的事，
「给」让我们知道自己有多富有。

还严重”的道理。贪污固然不可取,但是政策一旦错误,即使耗费数倍功夫作矫正,也不见得能竟其功。因此,权衡轻重之际,不仅要就现实考量,更要有高瞻远瞩的见识,才能作出正确的抉择。

士不可辱

王位怎么能和读书人的气节相比呢？

有气节的读书人，是不受侮辱的。

《战国策》里提到一位读书人叫颜斶，与齐王会面，齐王看到颜斶就大喊："颜斶到我这里来！"颜斶回答："齐王到我这里来！"颜斶的反常行径，引来很多人的议论：颜斶竟然喊齐王过来，究竟是王尊贵，还是颜斶尊贵？

颜斶说："当然是读书人的颜斶比较尊贵，做君王的不尊贵。"

齐王说："你有什么凭据？"

颜斶回答："我举一个例子。过去齐国与秦国交战，齐王曾下令，谁得到秦王的头，就赏赐黄金百两；后来齐王又下令，战争期间读书人柳下惠的坟墓，任何人都不得糟蹋，违者处死。从这件事就看得出来，国王的头还不及一个读书人的坟墓，所以王位怎么能和读书人的气节相比呢？”

齐王一听十分惭愧，说：“你说得对，我怎么敢侮辱你们读书人呢？我应该自己到你前面去才是。”

颜斶说：“我如果听从您的命令，走到您前面，表示我趋炎附势，我怕您，或有求于您；我叫齐王过来，您过来了，表示您礼贤下士，您有谦虚的美德。”

齐王听了很感动，就说：“你真是一个有气节的读书人，请你到齐国，我赐你官职，赏赐你妻子、车子。”

但是颜斶拒绝了，他只想归隐山林，不愿蹚政治的浑水。

终其一生，颜斶都不受侮辱。政治人物、想求官的人、追求名利权位的人，名利权位当前，不妨想一想颜斶吧！

玉连环

一个修行的人，更要随时警醒，切莫对外物“舍不得”。

战国时代，秦昭王派使者送来一个精巧的玉连环给齐王。使者说：“秦王听说齐人聪明，派我送来玉连环，不知有人能解开吗？”玉连环是用玉做的九个圈环，环环相扣，必须反复穿套，才可以一环一环解开，除了技巧还要有高度的耐心。

齐王将玉连环传给群臣们看，问：“有谁能解开呢？”群臣面面相觑，谁有耐心去解开这些环扣？可是，如果无法解开，岂不是要让秦国看笑话了？玉连环又辗转传回到齐王的御案上。他望着不知所措的群臣，拿起铁锤，狠力向玉连环一击，玉连环应声碎散。齐王对秦国使者说：“请回谢秦王，玉连环已经解了。”

齐王真高明，非关大用的小技，不足以让它评判齐人智能的高低。相较于齐王，明熹宗就逊色多了。

明熹宗从小喜欢工艺，当上皇帝后，也不例外，总喜欢雕刻工艺品，尤其是小楼阁。他的手艺很好，雕刻得精美绝伦；他兴致又高，常常雕刻工具不离手，简直到了废寝忘食的程度。

当时的司礼秉笔太监魏忠贤，观察到熹宗的嗜好后，就常常趁着他专注雕刻时，将各部的奏章呈上批阅。熹宗怎么舍得放下手中的玩意，总是挥手要魏忠贤走开，并说："你好好地替我批阅，不要欺骗我。"就这样，魏忠贤的权势一天天坐大，明朝的朝政一天天衰朽。

明熹宗若不当皇帝，应该是一个很好的木匠；正如宋徽宗做一个书画家，要比当皇帝来得称职；李后主的词曲要比他的政绩来得让人赞叹。如果他们不当皇帝，当然有选择发挥特长的自由，但他们是皇帝，却无法恰如其分地扮演他们的角色，而让黎民百姓受苦受难，就是过失了。

不仅沉迷于工艺巧术会影响正常生活运作，对于食、衣、住、行等受用物过于追求，也会干扰内心的清明智慧，因此，《大宝积经》告诫说："为贪欲之所惑乱，长夜流转，造作种种善不恶业。由此不善恶业力故，感得秽恶自体报果……"一个修行人，更要随时警醒，切莫对外物"舍不得"。

一眼不明

给人一点善缘，也是为自己累积福德因缘。

东晋时，王含、王彬、王舒都是大将军王敦的宗亲。王敦去世后，他的兄长王含一时感到失去依靠，打算投奔王舒。但是王含的儿子王应却不赞同，极力劝说父亲投奔王彬。王含听后，训斥道："大将军生前与王彬的互动如何？你以为在他那里可以得到什么好处吗？"王应不服，就说："这正是我劝父亲投奔王彬的原因。江州刺史王彬为人正直，不趋炎附势，又勇于谏言，这可不是一般人做得到的。现在他看到我们没落了，一定会生起同情心。而荆州的王舒，向来是谨守成规的，怎么可能收留我们呢？"王含不听劝说，于是两人便前往投靠王舒，结果才刚入城，王舒便派人捉拿，并将他们投入江中淹死了。

而王彬听说王含父子要来，老早暗中准备好船只在江边等候，却始终苦等无人，后来听说王含父子两人因投靠王舒而惨遭灭顶，深感遗憾。

给人一点善缘，也是为自己累积福德因缘，因为一个懂得“给人”的人，他内心富有，也善体人意，能够为人着想，就像是菩萨施无畏于众生，自得众生的亲近与崇敬，就如广纳万物的海洋，自得万千鱼虾聚集。俗语说：“良禽择木而栖，忠臣择主而事。”择友、选主就要找懂得“给人”者，可是王含“有眼不识泰山”，不能从一个人平时表现出的行谊与待人里，看出危难、窘局时，什么人可靠，什么人不可靠。一眼不明，让自己与儿子葬身江底，岂不可叹！

晋武帝得一

一件事情的结果如何，但看我们怎么想、愿不愿意做。

世间事，只有单一的看法吗？或许会有人认为，世间人形形色色，看法当然各有不同。站在理上，我们大都明白这个道理；在事相上，有多少人无法跳脱“一言堂”，跳脱传统、迷信，跳脱众人都认定的价值观？以至不经意地让思考僵化，失去创意，抑制潜力，处处划地自限，时时跟随流行走。

什么时候我们才懂得“活出自己”？要如何才能跳脱过去的窠臼，走向未来？我们是不是有敢于领导时代的气魄与自信？

世间事，没有绝对。想得好，就能转忧为喜，转悲为乐；想得深入，就能激发潜力，活出自己；看得远，就能开创新局，拥抱世界；看得开，就能突破传统，走得出去。

因此，一件事情的结果如何，但看我们怎么想、愿不愿意做。

晋武帝司马炎刚登基时，有一天，他占卜得了个“一”字。按当时说法，帝王传代的多少，要看占卜所得数目字的多少。中国向来以三、六、九为吉祥数字，占卜得了个“一”字，晋武帝心里很是忧虑，连群臣也大惊失色，不知如何是好。

这时，侍中裴楷上前，正色危言：“微臣听说‘天’得到一就清明，‘地’得到一就安宁，‘神’得到一就灵妙，‘谷’得到一就充盈，‘万物’得到一就化生，‘君侯帝王’得到一，天下就能统一，人民都忠贞于他。”

短短的一席话，说得晋武帝不禁开颜笑，心情更是刹那转忧为喜；群臣也对裴楷的深虑善对由衷叹服。

恭喜失火

不执著在好坏善恶、福祸喜忧中，能以平静、无染着的心，对待人生。

柳宗元是唐代著名的思想家与杰出的文学家，他有一篇文章，题目是《贺进士王参元失火书》。这篇主要是因为朋友王参元家里失火，柳宗元原本想写一封信慰问，但他以为“盈虚倚伏，去来之不可常”、“塞翁失马，焉知非福”，因而写了一封信恭喜他。

王参元是唐宪宗时一个节度使的儿子，而且是个进士，多才多艺。然而他就像当时一些为人廉洁的士大夫，因顾忌别人说自己阿谀奉承，不愿表露自己的才能，以致不能显贵。为此，柳宗元在信中提到“今乃幸为天火之所涤荡，凡众之疑虑，举为灰埃”，如此王参元的才能“乃可以显白而不污”。

原来王参元住在老家不肯出仕，满腹经纶，不出来为社会服务，很可惜。柳宗元曾经多次邀他出仕为官，都被婉拒。这次王参元家中惨遭祝融之灾，柳宗元认为这正是他出来为大家服务的好因缘，因而写下这篇《贺进士王参元失火书》。

佛教说“诸行无常”，无常存在一种希望与生机。因为无常可以变换，坏的可以变好，不幸的命运得以否极泰来、时来运转。因为无常，万法无滞，就像活水永远都有源源不绝的生机。

常常抱持“塞翁失马，焉知非福”的观念与态度，那么无论遇到什么样的境遇，都不会执著在好坏善恶、福祸喜忧中，能以平静、无染着的心，对待人生一切人、事、物。如《金刚经》所说：“应无所住，而生其心。”就能一心自在，任运逍遥，更而发愿“要做佛门龙象，先做众生马牛”，不以为信宗教便是看破世界了，不是只欢喜闭关修行而不明白发心为众、积极勇猛，为社会国家谋取福利，才是信仰的正道啊！

李袭誉教子之道

应具备“以无为有”的人生观，凡事不求，不被物欲役使。

唐朝李袭誉，年轻时就通达聪慧，深具识见与器度。原本江淮一带的人民大多从事商业，少有农作物的生产，在他担任扬州太守期间，即大兴水利，灌溉田地八百余顷，使得老百姓纷纷获利，因而深受敬爱和拥护。

李袭誉虽然性格严谨，处理事情一丝不苟，但喜爱读书，已到了手不释卷的程度；生活俭约自处，俸禄多半分送宗亲，剩下的钱财，则用在写书上，所写的书就多达数万卷。

他每每告诉子孙：“我不喜欢积聚钱财，所以生活过得并不富裕。不过朝廷赐给我十顷的田地，往后大家好好耕种，就不必担心没饭吃；在河南，也有千余棵桑树，用来养蚕，就可以有衣服穿。另外，我写了那么多的书，大家用功读，日后一定可以求得官职。我死后，大家若能好好奉行这三件事，就不必求助于别人了。”李袭誉教育子孙的一番道理，很受当时社会的赞许。

中国人向来有留遗产给子孙的观念，但是遗产不一定是指钱财、房子、土地。有形有相的遗产，子孙不一定会善加运用，还可能成为纷争的来源，贻害后代。真有价值的遗产是慈悲智慧、道德学问、好的观念和技能，因为有形的财产终有用尽的时候，无形的财产才能丰富万代子孙的慧命。

我常教育徒众，应具备“以无为有”的人生观，凡事不求，不被物欲役使，内心坐拥无穷尽的法界；不在过分富裕中丧志，而在贫穷里长养安贫守道的意志与人格，随缘放旷，才是真懂得过生活的自在人。

青菜萝卜胜珍馐

食不过满腹，味不过三寸，人却往往为了满足口欲，而大费周章，甚至造作诸多不善业。岂不可叹？

明朝刘南垣曾任工部尚书，退休之后回乡隐居。有天，知县来拜访："钦差大人将来访，有事相求老大人。"钦差就是刘南垣的学生李灏。刘南垣以为知县想借他打通关系，说："我辞官隐居，不过问他事。"知县说："不敢太劳烦老大人，只是听说李大人讲究饮食，怕招待不周，请老大人恩赐菜单，好让府里照办。"原来，李灏虽才华出众，聪明能干，但因为出身富贵，讲究饮食，常为食物不精责怪下属。

隔天，李灏一到达即拜访刘南垣。刘南垣说："应该摆宴席为你接风，又怕耽误你的公务，吃个便饭好吗？"李灏恭敬的答应。刘南垣说："师母出门，没人准备，我们将就些。"刘南垣说完，就进去吩咐做饭。

李灏在厅堂上陪着老师话家常，等到过午，他饿得头昏眼花，才见送出一锅粟米饭、两碟咸菜、一碗豆腐汤。刘南垣招呼李灏："别见外，青菜萝卜胜珍馐。"李灏饿极了，将饭菜吃个精光。李灏刚放下筷子，就见家丁端出满桌佳肴。刘南垣再三让请，李灏说："实在吃不下了。"

刘南垣笑着说："可见饮食原没有精粗之别，肚子饿了，什么东西吃起来都是美味的；肚子饱了，佳肴也难吃出滋味来。"聪明的李灏当然知道老师的用心。此后再也不以饮食的精粗责怪人了。

中国人尤其爱吃、敢吃、讲究吃，对吃的兴趣，远不是其他民族所能及。有人打趣说："天上飞的，除了飞机；水上游的，除了船艇；四只脚的，除了桌椅；两只脚的，除了人，其余都可以祭五脏庙。"其实，食不过满腹，味不过三寸，人却往往为了满足口欲，而大费周章，甚至造作诸多不善业。岂不可叹？

在佛门中斋堂又称五观堂，有"食存五观"的警句："一、计功多少，量彼来处；二、忖己功德，全缺应供；三、防心离过，贪等为宗；四、正事良药，为疗形枯；五、为成道业，应受此食。"鼓励修道者以谦逊的心珍惜食物，警惕自己勿贪着美味，及勉励自己用功。

修行人如果能心念清楚地好好吃一顿饭，不贪不着，就是最老实的修行功夫了。

树梢挂蛇与石压蛤蟆

明白自己所学、所知不足，不会自得自满、不可一世。

与苏轼齐名的北宋诗人黄庭坚，与张耒、晁补之、秦观同是苏轼门下弟子，时人称“苏门四学士”，他的书法也被誉为“宋四家”之一。苏轼对黄庭坚的诗文，赞赏有加；黄庭坚对苏轼更是以师礼相待，十分敬重。

宋人曾敏行撰写的《独醒杂志》中，有记载“苏黄”一段颇具意味的对话。

有一回，黄庭坚请苏轼为他的一幅书法作批评。苏轼仔仔细细端详了一番，说：“鲁直，你的字虽遒劲，但是笔势有时太瘦，看来就像是树梢挂蛇！”语一出，二人戛然，顷刻便放声大笑起来。

苏轼也拿出一幅书法，问：“你看看这幅字如何？”黄庭坚接下字画，客气说：“老师的字，我怎么敢随便评论。”苏轼笑对：“你不妨直说。”黄庭坚这才认真地说：

“有些地方来看来就像是石压蛤蟆。”才说完，二人又是一阵大笑。

对于别人的批评，能够谦怀受教者，表示有量；指正他人的缺点，能够诚恳相告者，表示正直。为人最怕文人相轻、自命不凡，既高傲自大、小器小量，又轻视他人的才华与好心建议，如此处世即便是得志，也无法得意。

为人也怕虚伪作假，只顾及自己形象的完美，不愿忠实恳切为人，坦白指正。苏轼与黄庭坚对于对方的缺点，能善用譬喻，在幽默中彼此提拔，不仅率真中显露慈悲，更能虚心接受指正。

世界之大，并不是我们可以揣度和想象的。多半的人都以为自己头上的一片天便是全世界了，却不知“人外有人，天外有天”。真正有德有量、有学养的人，明白宇宙无垠，泰山之上还有天、沧海之下还有地，知道谦虚向学、互相赞美，不会事事计较、处处比较；明白自己所学、所知不足，不会自得自满、不可一世。

一旦放下自我，放下“我所有的”，真诚为人，坦然接受，虚怀谦让，我们的人生才更见精彩！

宰相办案

一心想占便宜、想积聚，往往一念之差，全盘尽输，落得一无所有，离“贫”也就不远了。

张齐贤是宋真宗亲自选拔的进士，咸平年间担任宰相。他不仅有经世治国的胸襟，处事更具有四两拨千斤的智慧。曾有位外戚死了，遗嘱交代：“家产由两兄弟平分。”刚分完家产，两兄弟就争执不休，彼此认为对方占了便宜，闹得鸡飞狗跳。屡次借着入宫的机会，请求真宗评断，但对于真宗的调停，却又不服气，惹得真宗心烦气躁，决定将这件事交给台府依理处置。

张齐贤听说了，对真宗说：“这两兄弟连皇帝的调解都不听，恐怕台府也办不了。可否由我来审理？”真宗同意张齐贤的毛遂自荐。

张齐贤将两兄弟找来，问：“你们两人告的状属不属实？”“属实！属实！”两兄弟一齐回答。张齐贤就让他们各自在告状上画押具结，然后作判决："既然你们各自的说词都属实，那就满足你们各自的愿吧！哥哥说弟弟分多了，那就把弟弟的家产给哥哥；弟弟说哥哥的那份多，那就把哥哥的给弟弟。"兄弟俩目瞪口呆，想不到张齐贤会作这样的判决，但又是依着自己的申诉断案，两人也无话可说。

张齐贤派人督促他们即日互换房舍，财物全部不动，有关的契约互相交换，以两兄弟的意思平息了他们的争议。对于不能得罪的外戚，张齐贤此招，可说十分的高明。

故事中外戚两兄弟这种"别人手里的那一块，永远比自己多"的心理，是许多人曾有的经验。分饼，别人盘子里的饼大；分田，兄弟拥有的田产多；分家，兄弟的房子风水好；嫁娶，兄弟的婚礼较风光……无一不能计较。说穿了，只是"贪"字作祟。

俗语说"贪字，贫字壳"。"贪"与"贫"不但字形相像，而且贪念强的人，不懂布施，不懂退让，一心想占便宜、想积聚，往往一念之差，全盘尽输，落得一无所有，离"贫"也就不远了。

《大乘本生心地观经》中说："诸苦所因贪欲生，若断追求尽诸苦。"若能了解这层意思，相信就不难体会"知足常乐"的道理了。

六尺巷

把所拥有的欢喜助人，才是最圆满的人生。

清朝的老宰相张英及小宰相张廷玉父子俩，在朝廷里能够官极宰相，除了有满腹的学问、认真机智以及对朝廷忠心耿耿以外，他们的为人处世也备受崇敬。

安徽桐城有一条小小的六尺巷，每个到桐城的人都要到此一游，正是因为流传着一个为人称道的故事。

这条六尺巷两旁，一边住的是张英的儿子，一边则是吴姓宅府。传说张英的儿子，有一天想要重建房子，请来地政官丈量土地，却发现隔壁吴府占了自家的地，便与之理论，在争不过的情况下，写信给当时任职于文华殿大学士兼礼部尚书的父亲帮忙。张英收到信后，便回了一首诗：

万里投书只为墙，让他三尺又何妨。

长城万里今犹在，不见当年秦始皇。

张英的儿子看了很惭愧，便让出三尺，吴府的人也感到理亏，跟着让出三尺，就成了这条“六尺巷”。

这则故事蕴含着中国传统的恕道与谦让的美德，千年来，已成为桐城人民的精神象征，凡有所争，大家都会以这“六尺巷”为圭臬。

反观自身，为人处世若事事斤斤计较，想必也将活得乌烟瘴气。现在的建筑法里，规定屋子与屋子间要有防火巷，有些人或许会舍不得这点空间，然而一旦祝融造访，就只得坐困愁城了。

“万般带不去，唯有业随身。”生存于世，万般计较，到头来又能带走什么呢？不过是黄土一抔，唯业随身。若能运用金钱，与人有益，金钱才是你的；懂得运用名位，造福大众，名位才是你的。把所拥有的欢喜助人，才是最圆满的人生。

拥有更多儿女

爱太过于狭义，容易为情爱捆绑。

杨太太家里惨遭祝融之灾，幸亏自己躲避得及，逃过一劫。当她惊魂甫定之际，突然听到幼女还在地下室求救的声音，于是赶紧冲入火宅。然而女儿被她抱出来时，已是全身焦黑，一命呜呼了。

杨太太镇日以泪洗面，耳边始终听到女儿的呼叫声。为了替女儿尽最后一份心意，没有信仰，从不拜佛的她，主动请求佛光山台北道场为女儿诵经超度。然而法师们法务繁忙，临时无法抽身。杨太太在万念俱灰下，想到友人曾和她说："《普门》杂志是佛光山的事业之一，社长为出家人。"于是打电话向社长永芸法师求助："我在太平间的女儿等不及了，她就要送到火葬场。"永芸法师一听，立时答应前往，为她女儿诵一卷《阿弥陀经》。

虽然如此，仍无法抚平杨太太的创痛与愧疚。只见她时而号啕大哭，时而落寞神伤。有一天，她在啜泣时，永芸法师的话刹那自心底浮现："爱，不单只对自己的儿女付出，你何不将自己的感情扩大升华呢？佛光山台北道场设有才艺班、儿童班，有空不妨前去看看。"她决心到台北道场走走，顺道探望永芸法师。

一年过去了，她成为台北道场的忠实义工，每天欢欢喜喜，全心全意为青少年服务。从阴霾中走出的她对永芸法师说："我虽然失去了一个女儿，但因为您的一番话，我拥有了更多的儿女。"

爱太过于狭义，容易为情爱捆绑。能持有《梵网经》中的观念："一切男子是我父，一切女人是我母。我生生无不从之受生，故六道众生皆是我父母。"及儒家"老吾老以及人之老，幼吾幼以及人之幼"的胸怀，把爱"推己及人"，从自己的父母妻儿推至亲朋好友从血缘至亲扩大去爱有缘无缘的众生。发挥"无缘大慈、同体大悲"的精神，生命就能因而丰富精彩，自在无罣碍。

老人抓糖

大厦千间，夜眠不过八尺；良田万顷，日食又能几何？

在幽静的乡间住着一个老人，平时没有什么嗜好，就是喜欢吃糖。为此，居住在都市的儿孙，每逢假日一定会买点糖，回去孝养老人家。

有一次，老人到都市里探望儿孙。儿孙心想：老父亲难得来，应该多买一些糖给他吃。于是他们买回一大罐的糖果，正当老人将手伸进糖罐后，不知怎么的，竟卡在里头出不来了。儿孙听到老人家求救的声音，纷纷赶来帮忙。大家一阵忙乱，还是拔不出来，不得已，只好把糖罐打破。糖罐破后，看见老人紧握着大把糖果的拳头，终于恍然大悟，由于老人手里抓了太多糖果，才会困在糖罐中，不得出离。

一个人过分贪心，麻烦就多。为了想发财，费尽多少辛劳；为了情爱，受尽种种委屈；为了贪图功名富贵，不知受了多少苦刑……不知满足，注定终身贫穷，诚如《佛说须赖经》所说："财业虽丰广，而不知充饱，大海尚可满，是贫终不足。"

人生最宝贵者，便是知足。知足的人，虽卧地上犹如天堂；不知足的人，虽在天堂也如同地狱。

大部分的人，多由心外求富贵。终日奔波，只为填满那一口无底洞，然而"大厦千间，夜眠不过八尺；良田万顷，日食又能几何？"真正的富贵不在心外的拥有，而在内心的满足。寒山大师不也说："三界横眠闲无事，明月清风是我家。"我心中有欢喜、有慈悲、有惭愧、有感恩，又何必心外求富贵。一轮明月，一袭清风，便足以让人觉得满足了。

古道热肠

“给”是世界上最美好的事，因为“给”让我们知道自己有多富有。

1994 年，我们为社会上各行各业杰出的女性，举办“胜鬘书院”，让中、青年妇女在忙碌之余，也能拥有修持佛法的机会，并透过云游参学，了解各国文化人情、风俗古迹，藉以拓展视野，净化身心，在精神上也能有所依据。

当时，有一位谢蕙霞学员，在第一站加拿大温哥华，竟遗失了她的行李。由于这一次的行程需要半年，而她所有的零用钱、文具用品、衣物都在行李当中，让她着急万分，不知所措。然而随团参学，有一定的行程，她只好先随大众到佛光山温哥华讲堂，安住下来。

同时间，在台湾佛光山接到一通由多伦多打来的长途电话，一位李先生表示，有一个佛光山胜鬘书院的行李在温哥华没有运下去，被运到多伦多。经过联络后，李先生当天立刻坐了五个小时的飞机，将行李送到温哥华，交到谢蕙霞小姐的手中。

失而复得让谢蕙霞小姐欣喜若狂，李先生的古道热肠更为人称赞。

在《优婆塞戒经》中有一段经文说到："智人行施，不为报恩，不为求事……智人行施，为怜愍故，为欲令他得安乐故……"世间何事为美？"给"便是。因为有"给"，使得处于热恼的人得以清凉，焦躁中的人得以宁静，贫乏的人得以满足；因为"给"，让世人懂得了人情温暖，让善因善缘广为流传，让人间处处尽是和平友爱。

"给"是世界上最美好的事，也因为"给"让我们知道自己有多富有，知道自己还有这值得赞叹的能力。

忘却生死

将色身与心力投注于大我之中，忘却个人的生死与病苦。

我有一个信徒叫做赵翠慧，是国际佛光会加拿大温哥华协会的会长，她和我的因缘真是微妙。

1949年，我刚到台湾不久。有一天，挂单寺院的老和尚要为一位小学女老师举行剃度典礼，我们担任引礼，准备为她诵经、祝福。老和尚很高兴，问了我们一句话："法师，这位小姐出家好不好？"

我说："不好。"

那位小姐一听我说不好，便问我："为什么不好？"

我回答："你现在是老师，做得很好，对社会很有用，如果你出了家没事做，那出家做什么？"我接着说："我是赞成出家的，但是出家要有意义，你不能随便出家，出了家没有事做，那就没有意义了。"

后来，她真的没有出家，嫁给台北中兴医院的院长，当了医师的太太。

时光似箭，二十年过去了。1967年佛光山开山后，举办“大专佛学夏令营”。活动期间，一位师范大学的女学生见到我就喊：“师公！我是赵翠慧，中兴医院院长赵寰村的女儿。我的爸爸、妈妈叫我问候您。”听她自我介绍后，我取笑道：“如果不是我当初的一句话，你现在还不能到这个世间来。”

第一届大专佛学夏令营结束后，她也想出家，我还是劝她不要，师范大学毕业，可以当老师，可以从事教育工作，相当有意义。她听了我的话后，也就回去了。自此，我很少再听到“赵翠慧”这三个字。

又过了二十多年，当我在加拿大成立国际佛光会温哥华协会时，她居然出现在我的眼前，旁边的人介绍她是中华学校校长……她在当地侨界十分活跃，是华人中的领袖人物，对佛教非常热心，承担了佛光会的各项筹备工作。对我，除了恭敬以外，更有一份熟稔，仿佛亲人一般。

1993年，她发现自己罹患淋巴癌后，举家返台定居。对此，她一样乐观进取，热诚好施，一样笑容满面，没有悲哀消极，完全不像一个癌症患者。她全力支持海内外“佛光缘书画义卖会”、协助解决佛学院外籍学生居留问题，我的传记《传灯》出版后，还购买了一千本带到澳洲，只为了和人结缘。

她以佛光会作为生命的重心，将色身与心力投注于大我之中，忘却个人的生死与病苦，确实是一位人间菩萨！

建屋与卖屋

生命的财富必须懂得运用，才能活出精彩的人生。

我们每日汲汲营营于工作赚钱之余，是否思考过：活着究竟是为了谁？为了什么？又该如何为自己规划？如何运用自己所拥有的呢？

有位富翁盖了一栋新房子，落成以后宴请宾客共同庆贺。宴席中，富翁将所有参与建筑的工程师、木工、瓦工、水泥工等，全请到中间的首席，却让他的儿女坐在下席。

亲朋好友看在眼中，觉得富翁的想法很奇怪："怎么让工人坐在上座，自己的孩子反而坐在下座呢？"富翁解释道："大家有所不知，我这一栋大楼能建成，必须感谢在座这些木工、瓦工们，是他们为我建造。而我的儿女们将来如果不懂得珍惜，可能把我辛苦攒来的家产都败光了。所以建造房子的人应该坐上座，卖房子的人坐下座。”

富翁说得真切，许多父母穷尽一生辛苦赚钱、购屋置产，劳碌一生。一旦百年撒手时，当初用心经营为儿为女，却造成兄弟阋墙，相互争产、夺利，甚至反目成仇，或者家财散尽、沦为乞讨者亦有所闻。不顾父母之情，只求一己之利，人生至此，真是呜呼哀哉！

手中的财富必须懂得运用，才能发挥最大的价值；生命的财富必须懂得运用，才能活出精彩的人生。有些人整日赚钱、存钱，却不会用钱，也是枉然。就像拥有大厦良田却不知运用，与其白白闲置，不如做一些文教事业、社会责任投资等，供诸十方之用，岂不更有意义？

也有些企业家将自己庞大的事业交棒给专业人才，期望能够永续经营，谋取长远的效益，造福社会更多的人群，而非徒留子孙，这样的观念值得推崇、值得学习。

妈妈乐

以慈悲对待，以慧心触摸，你也能看到这个世界的清净庄严。

有一位母亲，由于先生早逝，独立一人抚养几个小儿女。因为家里贫寒，没有什么收入，这名母亲就以帮人家洗衣服维持家计。每天到各个人家收回衣服洗，经常洗到三更半夜，实在很辛苦的。几个小儿女也体谅母亲赚钱不容易，为了给他们吃饭，为了替他们交学费，这么劳累。所以，他们也在平常节省一块钱、五毛钱，存到储蓄罐里。

经过一两年，这些小孩觉得储蓄罐里的钱不少了，抱着储蓄罐就拿到电器行，告诉老板要买一台洗衣机。在一二十年前，那洗衣机要一千多块钱才买得到一台。小朋友把储蓄罐里的钱拿出来数，最后还差了三十几块钱。

几个小孩觉得很不好意思，本来以为钱够了，想不到少了三十多块。他们向电器行的老板说："对不起！我下次再来买。"于是把钱包起来，准备带回去。老板觉得奇怪，便问他："小朋友，你怎么会把你的储蓄罐里的钱拿来买洗衣机呢？"小孩回答："妈妈很辛苦，每天要洗很多衣服，赚钱给我们吃饭、缴学费用。"

老板听了小孩们的叙述后，问他们住在哪里，小孩天真童稚，没多想什么便告诉老板地址。小孩们回到家后，没过多久，电器行的老板送来一台更大的洗衣机。妈妈既惊讶又腼腆地说："我们哪里有力量买这个洗衣机呢？"老板告诉她："不要你买，是送给你们的。"

不但如此，老板还拿了二十万块交给这个妈妈，并且说："因为你的小孩给我一个灵感，以后我的洗衣机可以叫做'妈妈乐'，这个名称会为我赚来很多钱。等于是一种智慧财产，感谢他们给我这个启示，让我表达我一点心意。"

母亲的慈爱，儿女的孝顺，老板的喜舍，构成一幅人间净土的景况。当年佛陀以足趾按地，对舍利弗尊者说："舍利弗！你看！这就是我的世界。"即时三千大千世界，无量珠宝，无量庄严，大地金色，整个世界都变成清净庄严的国土。

拂拭心地久积的尘染，睁开千年未开的慧眼，以慈悲对待，以慧心触摸，你也能看到这个世界的清净庄严。

人生如球

养儿不为防老，老病不怨不哀，自己充得饱饱的“气”，在人生球场上就有球员会尽力地抢、用力地抱。

有人说，人生如戏，多少的悲欢离合宛如梦幻泡影，我更觉得“人生如球”，可以作为我们的一生岁月贴切的表达。

父母在儿女的心中，三十岁以前是一只篮球，每一个球员无不拼命的抢夺，谁都想抢到手，高举灌篮。到了五十岁，儿女把父母当个排球推来推去，兄弟姐妹彼此推卸责任，争论老父老母该给谁奉养。到了六七十岁父母老病，子女就像打棒球也像踢足球，想要一棒挥到千里之外，一脚踢得远不可见。

人生如球，反映现代亲情伦理的现实冷漠，令人无限慨叹。

我看自己，一介僧侣无儿无女，却有近千位出家徒众。我在徒众心中，既不是排球，也不是足球、棒球，而是橄榄球。为什么？因为我和徒弟的关系，是建筑在信仰的基础上，是道义之交，是传法印心，是知心往来，徒众把我这年逾古稀的老人当成橄榄球，抱得紧紧的。

儿女紧抱，是因为父母可亲可爱。所以奉劝各位天下父母，不须介意儿女视你为排球，还是足球，重要的是自己身心健全能作为儿女的模范，你有道德人敬之，有慈悲人爱之，有佛法人皆亲近之。养儿不为防老，老病不怨不哀，自己充得饱饱的“气”，在人生球场上就有球员会尽力地抢、用力地抱。

快乐的法门

助人为快乐之本。快乐的法门，得靠我们自己去创造。

快乐是什么？常人以为“拥有”就是快乐。但是放眼看世间，多少拥有富贵钱财，拥有爱情的有情人，依旧有探之不着、挥之不去的忧惧呢？

富贵人家应该很快乐，却仍是郁郁寡欢，因为日日怕钱被偷，怕倒闭——纵使有钱，却很痛苦。拥有爱情应该也很快乐，但是一旦对爱情执著，起自私、生嫉妒，便无法平静自在了。享有名誉应该很快乐，但有了名誉，这个人来找他，那个人来要求他，每天疲于应付，陷入焦灼。往往我们好像得到世间的快乐，也同时失去了真实的快乐。

其实，快乐的法门是：虽然有钱，但坚持不做守财奴，不做富贵的穷人，有钱要懂得运用，懂得喜舍助人、布施利他。所谓“助人为快乐之本”，那么，有钱才会快乐。当有了爱情，爱情使家庭美满，更应该把爱扩展到邻居、社区、亲朋好友，甚至国家社会，给予大众服务和帮助，将爱升华，成就慈悲、圆满大爱。以慈悲给人快乐，拔除痛苦，才是真正的快乐。

名誉也能使人快乐。有了名誉，可以帮助别人，解决别人的问题。有办法的时候，要为自己累积一点功德；有办法的时候，让人与你分享等等，都是快乐的法门。

生存于世，必须懂得处理、运用所拥有的金钱、名位。有钱虽然快乐，但万一没有钱时，至少心里还有富贵，还有智慧和满足。至于爱情，没有爱情也一样很快乐，正好可以免除牵挂，免得攀缘，可以修身养性。没有名誉也很好，正可以培福修德、广结善缘。对于世间的金钱、爱情、名位，有也好，无也好，重要的是自己的看法，一念之间的决定。

快乐的法门，得靠我们自己去创造。

第一乐

不求外在的富足，但求心安理得、平静闲适。

日本临济宗高僧梦窗疏石，曾得后醍醐天皇敬仰，特赐锦座，敕赐“国师”之号。梦窗国师的门下英才群聚，嗣法者即达五十人以上。

常有信徒向他请教佛法，曾经有信徒问：“什么是世间上最富贵者？”“什么是世间上最亲昵者？”“什么是世间上最快乐的呢？”梦窗国师的回答是：“知足是第一富，无病是第一贵，善友是第一亲，涅槃是第一乐。”

这四句偈说明，和我们最亲的人，不一定是家人、亲戚，真正最亲的应该是善友；有时候家人也会计算我们，反而是善友帮了我们的忙，因此善友第一亲。

无病第一贵：健康不生病，是很难得的；英雄只怕病来磨，人有病的时候，什么理想抱负、富贵荣华都谈不上，所以，要保持自己的健康。

知足第一富：世间上谁是最富贵的人？有钱的人，即使有再多的钱财，如果不满足，还是贫穷的。所谓“人到无求品自高”，能知足便不会一直向外求，所以，知足是第一富。

涅槃第一乐：世间的快乐有很多，有的人吃喝玩乐，有的人有金钱、爱情的快乐，有的人游山玩水。世间的五欲之乐，财、色、名、食、睡，苦乐参半，在快乐里有隐忧；好像吃糖，糖吃到嘴里很甜，但是刀口的蜜可能有割舌之患。

梦窗国师的一番提醒，让我们认识到这个世间另外一半世界，无垢无染，无争无计较，真诚、善美，不求外在的富足，但求心安理得、平静闲适。对汲汲营营于生活、工作的现代人，确是一条值得探索的人生路。

放下弓箭与刀

“心念”决定了我们内心的世界，要让生命升华，何不放下“弓箭”与“刀”，让心趋向真善美呢？

有一位武士到寺院里，向禅师请教佛法。

禅师却端坐禅堂，只轻轻说一声：“把弓箭、刀棍通通放下，才可以进来。”

武士二话不说，将身上的刀剑全数卸下。

未料，禅堂里又传来一句：“把弓箭、刀棍通通放下。”

武士听着，不知为何：“我已经将身上的刀剑放下了，为什么还是不让我进去呢？”

禅师铿然有声：“你为何不把心里的刀枪、棍棒、弓箭放下来呢？”

这时武士才见到自己心里存在那许多怨恨杀气，刹那间，眼前一片光风霁月，一阵风把内心密密层层的枯枝老叶，吹得无影无踪。

这段譬喻说明，心中的弓箭比有形的弓箭还具杀伤力。古书中有一则“杯弓蛇影”的成语故事：晋朝有个叫乐广的人，平时喜好清谈，常常请朋友到家里喝酒聊天。有一次，有个好朋友很久没来，乐广觉得纳闷，一问之下，才知道朋友是因为上回到家中喝酒聊天时，以为自己将小蛇喝进肚子里，而大病不起。乐广觉得奇怪，一探究竟后才明白，朋友将弓在杯中的倒影误以为是小蛇，导致疑心病。知道真相后，朋友恍然大悟，病也不药而愈了。

天台的“一念三千”，唯识说的“唯心所现”，《华严经》中的“一切由心造”，无不在说明“心念”决定一切。倘若心中是佛的世界，便生活在净土；倘若心中尽是地狱、恶鬼、畜生，便生活在三恶道中。

“心念”决定了我们内心的世界，要让生命升华，何不放下“弓箭”与“刀”，让心趋向真善美呢？

五子登科

在移民亮丽的表象背后，是否真的处处幸福，人人美满呢？

我为了国际佛光会，经常云游在世界各地，美国、加拿大、欧洲、澳洲、非洲，甚至苏联莫斯科，都曾经有我弘法传教的足迹。我游遍五大洲，看尽世界旖旎的风光，欣赏不同种族的人文特质，也深深感受到，华裔在海外的辛酸血泪。

许多台湾人千方百计要移民，去做美国人、加拿大人、澳洲人，盲目跟随着移民的热潮，在移民亮丽的表象背后，是否真的处处幸福，人人美满呢？移民的真实生活面貌是什么情况呢？我将我所看到的现象称之为“五子登科”。

比方说，移民到美国，报纸、电视全看不懂，等于是瞎子，活在没有色彩的世界；电话来了听不懂，等于聋子活在没有声音的世界；不会驾车行路，等于是个跛子，活在没有活动的世界；语言不通，无法和左右邻居往来，等于哑子，活在没有交流的世界；儿、媳都外出工作，留下的小孙子，要帮忙喂养，就像是孝子一样。无法讲话，无法听话，无法观赏，这种没有视听色彩，没有沟通交流的生活，就是我所说的“五子登科”生活。

移民，不是人人合适，外国的月亮也不比家乡大又圆，要先认清自己的需要，并且冷静评估移民的所需条件，不然怀着美梦，却尝遍聋子、跛子、瞎子、哑子、孝子的“五子登科”幻灭的痛苦，实在得不偿失。

生在福中要知福。生活的地区气候宜人、风光明媚，社会经济也还算稳定，语言、交通等，都是自己熟悉的人和事，可以左右逢源，四通八达。一个无障碍空间，可以使我们身心无忧，生活得到快乐满足。

来到地球的第一人

抱持着我是“老二”的处世哲学，就能转化嫉妒、嗔恨的心理。

1969 年，美国发展太空科技，造就了人类首度登陆月球的辉煌历史。当时，船舱中有三个人，迈克·柯林斯在指挥舱中环绕月球飞行，而另外二位驾驶登月舱登陆月球。这二位，除了大家所熟知，留下一句千古名言“我的一小步，是人类的一大步”的尼尔·阿姆斯特朗外，还有一位就是埃德温·奥德伦。

当登陆月球成功返回地球时，有记者访问奥德伦：“由阿姆斯特朗先下去，成为登陆月球的第一人，你不会觉得遗憾吗？”奥德伦很有风度地回答：“可是大家别忘了，当回到地球时，是我先出太空舱，所以我是由别的星球来到地球的第一人。”

奥德伦具有成人之美的雅量，因此不执著于人我之间的高低胜负、利害得失，能在淡泊名利中自在生活，清楚自己的定位。

在人我相处间，我提出“你好我坏”、“你对我错”、“你大我小”、“你有我无”，以及“老二哲学”的理念，希望为社会大众在混乱、复杂的人际交往中，提供一些良方。

比方说，面对是非时，想想“你好我坏”；遇到争执时，想想“你对我错”；面对利益时，想想“你大我小”；面临取舍时，想想“你有我无”。培养自己凡事退一步想，处处尊重对方，抱持着我是“老二”的处世哲学，就能转化嫉妒、嗔恨的心理，免除纷争，与人和谐共处。

荣誉像玩具

做人，要有自我肯定的骨气，而非做给别人看，期许别人赞美，抱着奖章径自陶醉不已。

居里夫人是世界上杰出的女性，一生的成就、功业，获得无数的勋章。有一天，朋友到家里作客，忽然看见居里夫人的小女儿，把英国皇家学会授予居里夫人的一枚金质奖章当玩具玩，大吃一惊，连忙告诉她："居里夫人，能够获得一枚英国皇家学会的奖章，是极高的荣誉啊！你怎么给孩子玩呢？"

居里夫人笑了笑说："我所以没有重视这许多勋章，主要是想让孩子们从小就知道，他们志在服务人类，不在奖赏，何必为它斤斤计较。荣誉就像玩具，只能玩玩而已，绝不能永远守着它，否则将一事无成。"

曾经也有徒众看到哪一个人得奖，为我抱不平，认为我应该得奖，也有信徒问我，佛光山做了许多净化人心的事业，为什么没有得奖？

得奖不一定荣耀，没有得奖也不一定渺小，那只是社会工作的现象而已，应以平常心看待无尽人间里，更好、更崇高、更伟大的人物，他们分布在各个角落，默默地奉献。他们不求闻达，不图掌声，才更应该得到社会大众的奖励。

我一生，虽然不敢自比居里夫人，对于别人颁给我的奖章，也不太放在心上，视荣誉为身外之物。人家说我好，我未必好；人家说我不好，我未必不好，我的“好”与“不好”并非别人授予，而是自己心里有数。

做人，要有自我肯定的骨气，而非做给别人看，期许别人赞美，抱着奖章径自陶醉不已。树立什么形象，活出何等人生，自我期许才是千年风雨也无法抹去的碑文。

欢迎停车

“给人”的精神，不需要很大的牺牲，却给人很大的方便与感动。

在美国洛杉矶创建西来寺时，规划的停车位约三百个。当时我想，即使信徒游客再多，三百个停车位必定够用。几年发展下来，访客人数日渐增加，每逢周日、节庆，三百个停车位根本不够使用，即便连寺前的道路也充分利用了，还是不够。因此，信徒、访客就必须辛苦地将车子停放到离寺院较远的地方，我们虽然过意不去，也无可奈何。

停车位不敷使用的问题，却在美国人一种“给人方便”的性格中欢喜解决了。有一个叫海拓的社区，居民知道西来寺的停车场不够，就在自家门口写下“欢迎到海拓来停车”的看板。此外，西来寺山下有几十户居民，若车库前面仍有空地，他们也在车库前写下“欢迎停车！

三部!"的大字。美国人这种"给人"的精神,不需要很大的牺牲,却给人很大的方便与感动。

我们待人处事时,也能够惠而不费,既帮助别人,自己也没什么损失,何乐而不为! 有时候口头讲几句好话,就能给人帮助,有时候给人一个笑容,也能给人帮助。

在美国,路上遇到不认识的美籍人士,见面时都会主动向你说声"哈啰!""How are you?"跟你问好。反观我们,是否在与人见面时,能够主动表示一点关怀,多一些和悦的表情与笑意呢?

所以,中国人的民族性必须改变,国家才会进步。怎么改变呢? 先从待人好做起,对人说几句好话,布施一点小小的东西,甚至提供停车的空间,发愿"给人"一点方便与欢喜,让小小的心意慢慢扩散、影响,无形中就能改善社会风气,增强国家的能量。

种一收十

小小的善举，也能成就大功德

为社会办大学，是我几十年来的心愿，但是建设大学的经费相当庞大，不是我一个人的力量可以办到的，需要靠十方信施齐心完成。因此发起“佛光大学百万人兴学运动”，以汇聚众人的力量，共同成就。这项运动的发起，其中有一个因缘：

有一天，筹办佛光大学的慈惠法师，提到一则经典里的故事：“不能小看一块钱的力量，一块钱有无量的功德啊！好比尼拘陀树的种子虽小，长成的大树却是枝叶繁茂，蔓生四方，每年落下的果实就有数万斛之多，种一不但收十，甚至收百、收千、收万哪！”

后来慈惠法师发起“佛光大学百万人兴学运动”，每人每月只要捐助一百块钱，连续三年。这项活动承蒙许多人的护持，至今仍持续进行。

赞助“一百块钱”办大学，将来成就的是一个硕士、一个博士，成就的是一个社会的栋梁、一个学者专家，委实是一项有益于社会人类的善事。只要有心，虽然只是一百元，其贡献却是不可计量的。

所谓“滴水虽微，可以穿石”，虽然是布施小钱，积少成多，也能成就大事；小小的善举，也能成就大功德。《杂阿含经》提到：“净信心惠施，此世及后世，随其所至处，福报常影随。”《大智度论》也提到：“好施之人，为人所敬，如月初出，无不爱者。”布施结缘要能持之以恒，要能心甘情愿，以欢喜心来成就好事，功德必定不可限量。

开心罗汉

一心坦然，又有什么不可以给人看的呢？

所谓“人心不同各如其面”，从容貌、形象可以看出一个人是好心、坏心，从言谈、做事当中也能知道一个人是好心、坏心。心，有好多种，有的人是畜生的心，有的人是饿鬼的心，有的人是佛菩萨的心。十八罗汉中，有一尊罗汉的形貌是将自己的衣服剥开，把心剥开给人看的。这颗心就是佛心。

有一次，我因心肌梗塞住进荣总医院，由张燕医师为我开刀。开完刀后伤口复原得很快，胸口的疤痕也很好看。信徒们前来探望，关心我的病情，我安慰大家：“不要挂念！来看看我的胸口，这个疤痕很漂亮的，没什么关系。”信徒连忙说道：“师父这样不好啦！不可以啦！”他们认为师父的胸膛，是不可以随便给人看的。我说：“有什么不可以？佛祖、菩萨、罗汉，都把自己的胸膛剥开来给人看呢。”

一心坦然，又有什么不可以给人看的呢？所谓“书有未曾经我读，事无不可对人言”，心存慈悲，可以给人看；心具智慧，可以给人看；心有信仰、责任、真诚、善意，都可以给人看。往往人和人之间的误会，大都造端于彼此交流、沟通不够。凡事没有讲清楚，说明白；凡事隐藏不能给人看，不给人知道，彼此了解不够，隐藏太多，因此容易产生揣测、误解，进而造成更多的纷争误会。

想了解对方，就要先让对方了解自己。只要拥有佛心，就是自己的胸膛，给人看一看也未尝不可啊！

传灯

祈望点亮这一盏明灯，让大家都能得到无限光明与希望。

《维摩经》中所提出的无尽灯法门，即是将佛法比作一盏灯，一灯传十灯，十灯传百灯，百灯传千灯、万灯……如此灯灯无尽。佛法明灯不仅照亮外在的世界，更重要的是能够照亮众生的心灵，照破愚痴晦暗，好在茫茫红尘、悠悠六趣中看得清前方的路。一九九五年，天下文化公司要为我写一本传记，在定书名时，我便建议取名为《传灯》。

“传灯”在佛教中有传承的意思，甚至在政治上，以及各种事业、种族也都有传承，意即将事业、文化、国家社会、民族精神发扬光大。从古至今，一般的父母都会将财产“传承”给子女，这还是不够的，应该要把自身的信仰、慈悲、道德、智慧经验等，传承给子女，使之世世代代，绵延不绝。

《传灯》在印行的时候，为了封面的“传灯”二字，我请朋友到故宫博物院，将历代圣贤所写过的“传灯”二字都找出来，让我参考。经过一番琢磨后，决定采用东晋王羲之所写的“传”字，及宋朝苏东坡所写的“灯”字。如此，由东晋到宋朝，再经过现代人的规划、排列，更加彰显了“传灯”的意义及内涵。

天下文化公司认为，这一本书不但为当代社会树立了新观念，更可作为青年人的励志书。我想，我只是将自己生命中的一些经验、阅历与社会大众分享，更祈望点亮这一盏明灯，让大家都能得到无限光明与希望。

春到人间

若所做所言都是令人欢喜的事，则心中一宽，如春到人间，充满祥和与欢喜。

对于书法我并不擅长，过去也没有机会练习毛笔字，然而为了弘法上的需要，我还是尽量提笔勉力为之。

记得在1996年，农历春节将近时，有位信徒要我为他写一副春联，我自觉字写得不好，只有拒绝。但是在信徒一再要求下，为了满其所愿，我还是写了一张“平安吉祥”。后来弟子将其印行了几十万份，与大众结缘，数日后，竟然索取一空。

又有一回年关将近时，有信徒需要，我再度至诚地写下“春到人间，欢喜祥和”，祈望藉此祝福大家法喜无尽，法财无量。

之所以会提“春到人间，欢喜祥和”，是体认到冬去春来，大地复苏，而人间最宝贵的就是吉祥欢喜，和谐和平。然而大多数的人，由于心中搁置太多放不开的人事物，无法安宁平静，即使坐拥“江山”，享有权位、财富、名利，仍然为着人我纷争苦恼，计较得失高低，而失却生命真正的意义，生活因之抑郁寡欢，无法自在。

明朝洪自诚在《菜根谭》中提醒世人：“无名无位，无忧无虑。人知名位为乐，不知无名无位之乐为最真；人知饥寒为忧，不知不饥不寒之忧为更甚。”生活的重点，不是去比谁的财富多、谁的房产大、谁受重用、谁是得意时，该争的是谁的欢乐多、谁散播的欢喜多。若所做所言都是令人欢喜的事，则心中一宽，如春到人间，充满祥和与欢喜。

小费的故事

在小小的布施当中，培养慈悲心，养成广结善缘的好习惯。

香港人宗教信仰相当虔诚，然而每逢赌马比赛的日子，他们却避讳见到出家人。他们认为见到出家人“光头”，会让他们输个精光，因此出租车更是拒载出家人。

多年前，我经常到香港弘法，为了改变香港人的成见，每逢搭乘出租车，我都会在车资外，额外附上丰厚的小费，让他们发财，让他们欢喜，更在红磡体育馆演讲时提出：“出家人就是财神爷，能带给众生精神上的财富，出世间的财富。”话语甫毕，台下掌声雷动。如今到香港坐出租车，司机反而不收我的钱了。

现在不论我走到哪里，香港人见到我都特别欢喜，偶尔到餐馆用餐，每当付款时，才发现已经有人为我付款了。几十年在香港的岁月，这些小小的善缘，为自己结下更多的好因缘。所以化缘不一定化钱，更应以利乐众生为目的。

每每弘法在外，只要住饭店，隔天早上我必定会在枕头上放一点小费；在餐馆用餐，也必定给服务人员小费。我认为，小费就是给一点欢喜钱，是一种人情味的表现。在小小的布施当中，自他皆欢喜；在小小的布施当中，培养慈悲心，养成广结善缘的好习惯。

在一次一次的欢喜结缘当中，将会发现这种人与人之间的互动是多么美妙，多么的不可思议！

大理石的故事

即使是小人物，也有小人物的真心、小人物的真情。

盛隆大理石工厂的负责人余福隆先生，与我素昧平生。有一天寄了新台币五万元支票给我作为建设佛光大学基金，里面附了一封信，说他只是一个微不足道的小人物，但愿这一点小小的心意，能对佛光大学的筹建工作有些许帮助。

我当时想到，大理石是一片一片慢慢切割而成，要赚五万元实在很不容易，所以特地电话向他致谢，并且问他："有什么需要我帮忙服务效劳的地方吗？"电话那头传来余太太既惊喜又感动的声音，她诚恳地说："……我们只是小人物，实在不敢劳烦大师，只希望大师能拨冗到我们的工厂来普照。"我立即允诺，徒众们在一旁七嘴八舌地说："师父！行程已经排满了，不要去了，何况路又不熟，万一耽搁了时间怎么办？"此刻我已经动身走出门外。

车子才刚到门口，余太太非常热情地招呼说："师父！您来了！"并且带领工厂里的员工到办公室来和我见面。我主动和他们握手问好，只见一个个都急着在身上把手擦干净，才伸出手来。真是一群最纯挚的赤子！临走时，我邀余先生第二天带领他的员工及眷属，全部到台北道场用午斋。当他们参观台北道场时，发现道场的地板居然是他们工厂的产品，都觉得与有荣焉，随即看到十二楼中庭正在装修，余先生立刻表示要发心捐献这一片地方的石材。

所以，即使是小人物，也有小人物的真心，小人物的真情。若只是将眼睛往上看，往名利权位上看，往利益金钱上看，终究是无法体会这种难能可贵的真情真心。

放弃留学记

一个人的成功与否，不是一件事就能决定，重要的是将“自己”做好。

我这一生要感谢的人很多，其中有两位特殊人物，让我认清自己的角色，在佛教站稳立场。一位是我的师父，当许多教授推荐我进入教育学院读书时，师父却不准我去，他说：“读什么教育学院，既为出家人，就应该读佛学！”我二话不说，听从师父的指示，开始研读佛学。

1957年，我以拙作《释迦牟尼佛传》申请进入日本大正大学深造，竟获该校审核通过，通知我去就读博士班，就在我一切就绪，准备负笈东瀛时，高雄市新兴街万隆酱园的朱殿元居士前来，一脸疑惑地对我说：“师父，在我们的心目中，您是师父，地位比博士还要崇高，为什么还要到日本去作别人的学生呢？”

我当下汗颜，自忖他所言甚是：我已弃俗出家，以弘扬真理，净化人心为己任，我的地位、我的使命，的确非比寻常。人活着，不仅是要为自己打算，更要多为别人设想，我今天既然已是他人的师父，却还要远赴东瀛，以日人为师，让我的弟子情何以堪？弟子希望师父传授给他们的是出世的佛法，让他们能离苦得乐，而不是世间的学位。

我放弃了留学的打算，至今我不但未曾感到遗憾，反而觉得人生更有意义。这一生虽然没有领过一张毕业证书，没有读过正式的学校，凭着我的师父和朱殿元居士的两句话，让我做了一个好和尚，让我将研究学问的心力，放在弘法事业上，施设了更多的佛教事业，利济了更多有情众生。

一个人的成功与否，不是一件事就能决定，重要的是将“自己”做好。如果读破万卷书，却不懂得做人、不会处事，成了高等闲人，一生也无法受用。何不在读书之余，把人做好，把事做好，把自己的本位做好，有了根、有了本，必然一切具成。

电话皈依记

人生，懂得及早做准备，知道回头转身，便是可贵。

为了筹建佛光大学，我们举办了一连串“佛光缘书画义卖会”活动，不仅受到社会大众瞩目，也因各界人士共襄盛举，让每场义卖得以顺利圆满。有一天，负责义卖文宣的陈筱君小姐偕同朋友来见我，表示愿为活动效力，当他们问我如何将这许多名画汇集起来，我拿出张大千的名作“观世音菩萨”，娓娓道出它的因缘。

一个清风月白的夜晚，我伏案读信，当读到一封来自香港高伯真先生的信时，感动浮上心头。信中，叙述他的父亲高岭梅先生卧病在床，住院期间一心想皈依三宝，问我是否方便前来。字里行间，我看见一位孝子为满老父心愿，特地写信给素昧平生的我，其孝心可感可嘉。然而我行程已排满，一时也抽不出空，于是采权宜之策，以越洋电话为高老先生作了皈依。事后，高先生一家千言万谢，一定要送我这幅名画作为酬答，这才晓得高老先生是香港鼎鼎有名的收藏家。

一幅观音画像，不但支持了佛光大学，并且给了高岭梅先生一个皈依佛教的因缘。我想，人生不论信何种宗教，懂得及早作准备，知道回头转身，便是可贵。